STEAM 核心概念与创造性探究

儿童早期艺术教育中的创造性探究

CREATIVE INVESTIGATIONS IN EARLY ART

全人教育 丛书主编

【美】安吉拉·埃克霍夫（Angela Eckhoff） 著

王晓棠 李正清 译

U1002454

江苏凤凰教育出版社

Phoenix Education Publishing, Ltd

图书在版编目（CIP）数据

儿童早期艺术教育中的创造性探究 /（美）安吉拉·埃克霍夫著；王晓棠，李正清译. -- 南京：江苏凤凰教育出版社，2020.12

（STEAM 核心概念与创造性探究）

ISBN 978-7-5499-9129-7

Ⅰ. ①儿… Ⅱ. ①安… ②王… ③李… Ⅲ. ①艺术教育－教学研究－学前教育 Ⅳ. ① G613.5

中国版本图书馆 CIP 数据核字 (2020) 第 268454 号

Creative Investigations in Early Art, by Angela Eckhoff, PhD

Copyright © 2018 Angela Eckhoff

First published in the United States in 2018 by Gryphon House, Inc.

All rights reserved.

Simplified Chinese rights arranged through CA-LINK International LLC

江苏省版权局著作权合同登记　图字 10-2019-627 号

丛书名	STEAM 核心概念与创造性探究
书　名	儿童早期艺术教育中的创造性探究
丛书主编	全人教育
作　者	【美】安吉拉·埃克霍夫（Angela Eckhoff）
译　者	王晓棠　李正清
出版统筹	刘　煜　王　琚
责任编辑	严小英
出版发行	江苏凤凰教育出版社（南京市湖南路 1 号 A 楼　邮编 210009）
印　刷	苏州望电印刷有限公司
厂　址	苏州市相城区望亭镇问渡路 27 号（邮编 215155）
开　本	787 mm × 1092 mm　1/16
印　张	5
版　次	2020 年 12 月第 1 版
印　次	2020 年 12 月第 1 次印刷
书　号	978-7-5499-9129-7
定　价	25.00 元
传　真	025-86551305
客服电话	025-58351159
盗版举报	025-58351159　025-83658579

本书如有印刷、装订等质量问题，请与印刷厂联系调换，电话：0512-66700301

提供盗版线索者给予重奖

目录

概述

劳拉老师正在给全班儿童介绍一个融合了科学和视觉艺术的活动。她把它称之为移动绘画，在这个活动中，儿童将要探究染料以及可以阻止染料吸收的物质。劳拉老师在一些小容器里放了各种颜料。她还收集了一些滴管、大桶以及几小盒食用油和肥皂液。作为防染剂，食用油和肥皂液不会附着或吸收儿童加在画里的任何染料。劳拉老师每次邀请两个儿童和她一起探究这些材料。在详细描述这次试验的材料时，劳拉老师还向孩子们强调他们将有充裕的时间来仔细观察每添加一种新的颜色和物质时发生了什么。

其中有一个孩子叫马特，刚开始时他慢慢地把颜料用滴管滴在托盘里。在他探究的时候，劳拉老师会提出问题，例如“你把红色加到黄色里的时候发生了什么?”“哦，加进去会变成什么颜色?”在用完装满颜料的滴管之后，马特又加了几滴油，这时劳拉老师说：“油在排斥颜色，它们并没有变成一样的颜色。”马特则指出油排斥颜色的地方看起来很明显像是一个圆圈。然后马特又加了一些颜料水，这一次他是把劳拉老师提前准备好的装在小杯子里的彩色颜料水倒进去的，加颜料的速度比之前加得更快。他一边倒，一边绕着托盘移动杯子，观察不同的颜色是如何快速混合在一起的。整个过程中，劳拉老师都和马特坐在一起，持续通过提问、指出发生的反应来支持马特的观察。

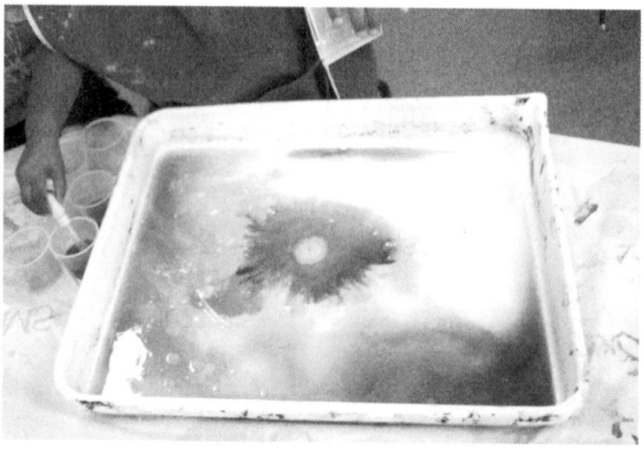

在每次加新的物质进托盘后，劳拉老师和马特都一起探究，他们有很多机会讨论托盘中发生的变化。这样开放式的体验促成了很多讨论，也为劳拉老师非正式地观察儿童的兴趣点和理解力提供了很多机会。每个儿童因为所选材料以及使用顺序的不同而获得了不同的经验。开放式的探究抓住了儿童的兴趣点，让他们对于即将经历的事情激动不已。这次经历中所用到的探究技巧为儿童创造了观察、探索、提问、预测以及开展简单科学调查的机会。

视觉艺术和表演艺术在课程上是早期科学、技术、工程和数学经验强有力的伙伴。对于所有早期教育工作者来说，在为儿童创设的教室环境中，艺术应该是日常生活中不可或缺的重要组成部分，艺术经验应嵌入所有儿童和教师的经验之中。嵌入式的艺术经验超越了艺术融合模式中简单添加的取向，而是采用了一种更加整合的观念，强调将艺术经验以更有意义的方式根植于课程中。这样整合的取向让教师和儿童以深刻而有意义的方式体验视觉和表演艺术。艺术是儿童体验、表达疑问、想象、交流、思考的一种方式。当艺术与 STEM 经验相融合的时候，儿童可以发展出通过舞蹈、歌曲、绘画以及雕塑等方式来交流并理解知识的能力。这一部分的指导可参考全美艺术教育协会（National Art Education Association，简称 NAEA）幼儿问题小组，也称幼儿艺术教育工作者联盟（Early Childhood Art Educators，简称 ECAE）的相关研究，以及来自美国国家核心艺术标准联盟（National Coalition for the Core

Arts Standards，简称 NCCAS）的《美国国家核心艺术标准》[1]。

本书为早期教育工作者提供了艺术领域的教学实践、教学知识以及活动案例，这些都可以鹰架儿童在 STEM 学习中融合视觉和表演艺术。你会找到关于现代创造性和探究式教学实践的信息，这些信息可以用来帮助儿童获得富含艺术元素的学习经验。本书会拓宽你对幼教教室中 STEM 内容、学习环境以及支持性教学实践这三者关系的理解。当视觉和表演艺术的经验建立在儿童的兴趣和理解之上，并且与 STEM 内容相联系的时候，儿童才能够体验不同领域之间有意义的关联。本书强调了鼓励儿童动脑学习的重要性，通过引导下的独立探究，每个儿童都能在教室里积极参与活动。在富含艺术元素的 STEM 经验中，早期教育者的作用重大。在计划、实施、评价本书所呈现的基于探究的创造性经验中，早期教育者担任着引导者和促进者的角色。富含艺术元素的 STEM 经验包含了使用工具和各类艺术媒介、材料，从而使儿童变得有创造性、有创意，儿童可以基于观察和直接经验提出问题，探究有意义的内容并和他人分享自己的理解。

本书会帮助教师从以下几个方面支持儿童创造性经验的发展：

- 理解科学、技术、工程、艺术和数学学科领域之间的关联。
- 制定基于艺术的合作式 STEM 课程计划，让教室里的每个儿童都能以个人、小组或集体的方式参与活动。
- 实现教室中的活动体验，支持儿童每天都能参与整合式的富含艺术元素的学习活动。
- 认识视觉和表演艺术的力量，支持儿童发现、发明、探索、提问以及交流他们所理解的世界；
- 用真实的作品取样和用教室中的手工作品记录儿童经验发展的过程。

---

1 National Coalition for Core Arts Standards. 2014. *National Core Arts Standards.* Dover, DE: State Education Agency Directors of Arts Education.

游戏化学习

游戏是儿童早期学习探究的重要组成部分。通过游戏，儿童了解自己，了解环境，了解周围的人与世界。游戏化学习鼓励儿童在他们感觉舒适的环境里通过充满未知的冒险去探究和试验。儿童游戏可以呈现出不同的形式，发挥不同的作用。当儿童通过游戏进行探究、试验、合作时，他们就是在学习和认知世界是如何运作的。儿童需要支持他们游戏的教师，需要可以敏锐地识别最佳介入和指导时机的教师。

儿童会把他们的知识和理解带入到游戏中来，从而进一步试验和明晰自己的认知。这个过程是儿童主导的，而成人的作用是担任支持者、引导者和促进者。成人根据每名儿童的理解水平，实施能够促进他们提问和探究的有目的的教学。通过保证儿童拥有充足的游戏化学习和探究的机会，教师可以在教室里营造出尊重儿童学习与探究方式的氛围。作为支持者、引导者和促进者，教师应仔细地观察儿童的游戏，通过提问以及提供额外支持性材料和机会，帮助儿童鹰架他们的思维。在儿童探究、操作各种不同艺术媒介的时候，视觉艺术和表演艺术强调发现和创造，从而鼓励儿童在教室里进行积极的游戏。

早期STEM经验中富含艺术元素的引导式探究

对于建构综合的教学方法来说，理解并运用能够有效支持幼儿视觉艺术创作的教学手段是非常重要的。为了在儿童观察艺术作品、探究媒介和技术、创作自己的艺术作品的过程中支持儿童，教师需要在艺术创作和艺术欣赏中进行多角度的细致观察。在引导式探究的教学方法中，教师需要在儿童获得视觉艺术经验的过程中和儿童一起活动，支持儿童的观察和倾听技能，鼓励儿童的艺术表现，考量艺术里的美学特征（Bresler，1993）。引导式探究的教学方法鼓励年幼的学习者深度参与到富含艺术元素的活动中，激发学习者的创造性思维、艺术性思维和美学思维。

引导式探究在课堂艺术实践中的取向

在引导式探究的教学取向中，教师的职责包括帮助儿童在艺术表现的过程中学习观察、倾听、交流他们对艺术的敏感性，考量艺术里的美学特征。

就教师而言，引导式探究的取向涉及精细教学，包括为学生的作品提供对其个人富有意义的反馈，鼓励学生继续建构自己的理解。学生在艺术活动中的参与包括努力、专注、认识和思考。[1]

在你设计艺术、工程和技术的整合课程时，可以参考一下全美艺术教育协会关于早期教育中支持性艺术经验类型与特质的指导。[2]

艺术教育质量指南

高质量的早期艺术教育需要：

- 有序的、材料丰富的环境，用以激发儿童发现、互动、感知觉探索、提问、探究、想象。

1 Bresler, Liora. 1993. “Three Orientations to Arts in the Primary Grades: Implications for Curriculum Reform.” *Arts Education Policy Review* 94(6): 29–34.

2 National Art Education Association.n.d. *Art: Essential for Early Learning*. Position paper. Alexandria, VA: National Art Education Association.

- 各种艺术媒介，用以支持二维和三维的艺术表现。
- 充足的、从容的时间，不论是结构化的还是非结构化的，用以探索材料的触感或材料所反映出来的特性，以及发展儿童再现经验的技能和概念。
- 教育者能积极给予反馈，重视儿童不同的能力、兴趣、问题、想法和文化经验，包括流行文化。
- 教育者能支持儿童适宜地发展技能，正确使用并妥善保管材料。
- 教育者能理解并支持儿童独特的表征方式，使儿童通过真实的媒介或计算机上虚拟的、实验性的媒介和程序来表征他们的思维、情绪、感受。
- 教育者能支持儿童通过对话、故事、感知觉探索、游戏、戏剧、歌曲和艺术创作等多种方式去创造意义。
- 教育者能仔细地观察、倾听、反思儿童的学习，使用多种多样的记录方法和评价方式。

在教室中建构创造性的富含艺术元素的STEM经验

幼儿园教师对于儿童创造性思维能力的发展具有举足轻重的作用，因为教师既可以创设支持性的教室环境，也可能创设出扼杀儿童创造性的教室环境。为了在教室中引入创造性学习的经验，教师必须设计出带有批判性思维和反思机会的课程，同时也要持续关注学生的兴趣。此外，教师必须意识到创造力是一种鼓励社交、促进个人观点完善的学习过程。在教室里，创造性是基于儿童兴趣的学习过程的一部分，包含反思，以及与其他儿童和成人的互动，要求儿童记录并报告他们的想法和经验。当儿童有机会亲自参与到具有挑战性和反思性的学习体验的时候，也就是他们发展批判性思维和创造性思维的时候。

该书所分享的活动案例以及活动方案包含了很多学习机会，这些机会让儿童能够建构关于视觉与表演艺术、科学、技术、工程和数学的理解，同时也会促进儿童创造性思维能力的发展。每一个活动都包括探究和创造性思维的关键元素——开放式任务、社会交往的机会，以及反思和阐述的机会。

开放式任务为年幼的学习者提供了尝试新想法并参与调查的机会。开放式任务可以促进思想实验，鼓励儿童关注学习的过程而不只是为了获得唯一的正确答案。在思想实验中获得的体验将帮助儿童接受不确定性，不怕犯错，让他们获得解决问题的自信。

同样的，提供小组工作和社会交往的机会也是培养创造性思维的重要组成部分。结伴工作或者小组工作可以促进头脑风暴，让儿童和同伴一起相互学习。这样的机会还能增加儿童反思观点、论述观点的经验。这些技能都是重要的认知工具，让儿童从自己的经验中学习，监测自己的学习进程。在教室中加入创造性的成分，可以为所有儿童创造一个丰富且吸引人的学习环境。

早期STEM经验中富含艺术元素的推荐做法和内容范畴

本书每一章所呈现的课程内容皆是基于ECAE的立场声明和NCCAS的《美国国家核心艺术标准》里的指导建议。这两套标准都是为儿童设计的，我们可以使用这些指导方针来判断哪些类型的经验可以促进儿童有意义地参与艺术活动。本书所呈现的每一个活动都是为了鼓励教师探索并实践各种富含艺术元素的STEM学习而设计的，这样的STEM学习可以在课程内容知识以外建构儿童的思考、探索、提问、记录能力。总而言之，我们将会探索各种课程和教学方法，让儿童所学的内容远超概念性事实；我们会寻找各种师幼互动中蕴含的机会，让教师用自然的对话和提问来支持、拓展及鼓励儿童的思维发展。

这本书里的每一个活动都会让教师认真考量自己与儿童的互动过程以及教室环境。儿童、教师以及教室环境三者之间的相互作用是学习过程的核心。“可能性思维”的概念鼓励教师考虑提问、游戏、支持性的教室环境、想象、创新、冒险等核心要素是如何影响思考和学习过程的。

可能性思维是儿童与教师之间的一种动态互动，其中所包含的元素如下：

提问——教师认可、赞赏儿童提出的问题，教师提出的问题能够鼓励儿童进行探究。

游戏——教师给儿童提供延伸游戏时间的机会。

专注——儿童能专注地沉浸在没有批评和嘲讽的良性环境中。

创新——教师密切关注儿童思维中的创新，并能及时地促进与鼓励。

想象——教师为儿童提供大量把想象和学习相结合的机会。

自我决定和冒险——鼓励儿童和教师深度参与活动并进行冒险。[1]

在STEM中促进创造性的富含艺术元素的学习

教室环境的构成要素	教师的支持性策略
物质环境	• 空间灵活，家具可移动，这样可以为探索、展示、储存提供空间，空间中可以容纳且适应小组和集体活动不同的需求。
教师角色	• 为儿童提供通过绘画、书写、口语记录他们思考的机会。 • 鼓励儿童在集体或小组中分享他们的想法。 • 提出能促进儿童深度思考、帮助儿童解决问题的问题。 • 提供支持儿童探究的材料。 • 密切监控儿童的思考和探究，以便为儿童的经验提供鹰架。

1 Craft, Anna, Linda McConnon, and Alice Matthews. 2012. “Child-Initiated Play and Professional Creativity: Enabling Four-Year-Olds’ Possibility Thinking.” *Thinking Skills and Creativity* 7(1): 48–61.

（续表）

教室环境的构成要素	教师的支持性策略
同伴关系	● 为儿童提供分享他们解决问题的经验的机会。 ● 鼓励并支持儿童使用探究式的创造性思维。 ● 为儿童提供提问、设计或计划实验、结伴或小组工作、验证想法、记录经验的机会。
富含艺术元素的 STEM 经验的结构	● 为儿童提供将艺术与 STEM 内容相联系的机会，使他们能长时间开展活动、处理问题，并多次回顾之前的经验和课程，以促进儿童掌握经验和提升信心。
家长与社区的参与	● 提供机会，将富含艺术元素的 STEM 经验与社区和儿童的日常生活相联系。 ● 通过定期记录儿童经验的发展情况让家庭始终参与儿童的学习过程。

本书的结构

本书将早期富含艺术元素的探究分为：音乐和动作、戏剧艺术、视觉艺术、艺术家和艺术品四个方面，所有这些都可以融合进 STEM 活动中。

每章的开头都会有一段有关视觉或表演艺术的背景信息。每章也会以活动案例为特色，帮助教师把艺术内容信息、教学信息与生活相联系。本书所提倡的富含艺术元素的 STEM 课程是建立在创造性、探究式思维的教学实践的基础上的。除此之外，每章最后还推荐了一些与本章内容相关的儿童读物。

第1章

音乐、动作与 STEM 的结合

儿童天生喜欢跑、跳、蹦、跃、舞蹈和歌唱。他们通过动作来表达自己的兴奋和兴趣。在这一时期，儿童还了解到动作可以传递信息和想法，并且代表了某种行为。音乐应该是儿童日常生活的一部分。除了表达能力，音乐还有助于促进儿童的语言发展，并在使用乐器的过程中发展他们的精细动作和粗大动作技能。将音乐和动作融入活动有助于促进儿童的体验式学习，在这种学习中，儿童通过自己的行为和反思来积累知识、增进理解。在教室中，如果让儿童长时间坐着而不进行自主活动，会使他们的压力越来越大，教师应该记住：儿童是用他们的整个身体通过经验去学习的，减少他们活动的机会也就是减少他们参与体验式学习的机会。

舞蹈和动作能让儿童建立身心连结。动作的核心概念是肌肉运动知觉，它涉及儿童对身体感觉的觉察和对身体运动的认识。动作和舞蹈中的另一个重要概念是节拍，它是指运动的速度——一段音乐的基本节拍可以移动得慢或快，这决定着节拍的速度。节奏是贯穿动作或声音的时间模式或结构。移动性动作，如跑、走、蹦、单脚跳、滚、齐步走、快跑、跃、滑、爬以及踮脚，是指让个体从一个位置移动到另一个位置的动作，或沿着某一路线通过空间。非移动性动作指个体在原地做的动作，如扭转、转动、摆动、摇动、旋转、推动、弯腰、打开和并拢。

音乐能让儿童体验艺术家的表现意图，例如表演者的情感、思想和想法。音乐包含如下要素：

音高——音乐的音调多高或多低。

节奏——由有声和无声共同组成的声音模式。

和声——同时听到 2 个或多个音符的声音。

音色——区分一个音源和另一个音源的音质。

形式——形成一段音乐的总体结构（模式）。

力度——声音响度的级别或范围。

风格——一段音乐的特质和表现手法（古典、嘻哈、乡村、民间，蓝调、摇滚、爵士、雷鬼等）。

当教师在设计包含音乐和动作的 STEM 体验活动时，可以参考《美国国家核心艺术标准》中的相关指导。在那里面，有关音乐和舞蹈表演的标准是作为学习目标被提出的，可用来帮助教师对学龄前儿童在教室中进行的有关音乐和动作的活动做直接和非正式的观察。在促进儿童建立基础知识和创造性思维技能时，教师可以把这些表现性标准当成一份用以统整 STEM 和音乐或动作经验的实用指南。

音乐和动作活动应达到的标准

音乐与连接

在指导下，儿童将学会做以下两点：

- 在创作、表演和回应音乐时展示个人选择、意向是如何与兴趣、知识和技能联系的。
- 展示他们是如何理解音乐和其他艺术、其他学科、不同背景以及日常生活之间的关系的。

音乐与创作

在充分的指导下，儿童应有机会做到以下几点：

- 探索和体验多种多样的音乐。
- 探索他们喜爱的有关音乐的想法（如动作、发声或器乐伴奏）。
- 使用标志性符号（如在纸上画一个表示高的标志，再画一个低的标志，以表示音高由高到低的变化）或录制技术，选择并记录原创音乐理念的表现顺序。
- 在展示和改进个人的音乐想法时考虑同伴和教师的反馈。
- 与同伴分享自己改进后的音乐想法。

音乐与表演

在充分的指导下，儿童应该有机会做到以下几点：

- 表达和说出对不同音乐选择的偏好。
- 探索和展示对音乐差异的觉察。

- 探索音乐的表现特征（如音质、响度和节拍）。
- 练习并展示他们表演中自己喜欢的部分。
- 运用个人、同伴、教师的反馈来改进表演。
- 有表情地表演音乐。

音乐与回应

在充分的指导下，儿童应该有机会做到以下几点：

- 说出个人兴趣并说明为什么喜欢某些音乐而不是其他的。
- 探索不同音乐的差异。
- 探索音乐的表现特征（如音质、响度和节拍）。
- 讨论音乐中个人的表达偏好。

舞蹈与连接

儿童应该有机会能够做到以下几点：

- 识别正在观看或表演的舞蹈动作所表达的情感。
- 观察舞蹈作品，识别和模仿舞蹈，询问关于舞蹈表演的问题。
- 展示在家或其他地方体验过的舞蹈动作。

舞蹈与创作

儿童应该能够做到以下几点：

- 对各种感官刺激做出动作回应。
- 找到不同的方法来做基本的移动性和非移动性动作。
- 根据提示开始或停止即兴舞蹈。
- 参与舞蹈体验，独自或者与同伴一起活动。

- 在引导下的即兴表演体验中回应改变动作的建议。
- 识别身体部位，并通过图画记录身体的样子和姿势。

舞蹈与表演

儿童在教室中应有能力做到以下几点：

- 识别并展示一般空间中的身体移动方向。
- 识别舞蹈的速度是快还是慢。
- 以相对的方法做相反动作（如放松 / 紧张，轻 / 重，不连贯 / 连贯）。
- 展示基本的全身移动性和非移动性动作，以及相应空间关系的身体姿态。
- 在保持个人空间的同时，根据开始和停止的提示在空间内移动。
- 识别并活动身体某部位，并根据要求重复动作。
- 在指定区域或空间里为他人舞蹈。
- 使用简单的道具作为舞蹈的一部分。

舞蹈与回应

儿童应有能力做到以下几点：

- 通过模仿和重复来识别舞蹈中的动作。
- 展示观察到或表演过的舞蹈动作。
- 观察动作并分享自己的感受。
- 在舞蹈中发现一个有趣的动作，重复它，并解释为什么它看起来和做起来是有趣的 。

有助于理解的活动案例：创作音乐

约翰斯顿老师班里的孩子们整个星期都在做叉铃（sistrum）——一种最早被古埃及人使用的打击乐器。古埃及的叉铃通常是由黏土、木头或金属制成椭圆环，中间插着两根穿有活动圆片的平行小棒。当像摇拨浪鼓一样地摇叉铃时，圆片会撞击叉铃两侧发出声音。约翰斯顿老师班里做这个活动是从在户外散步时收集树枝开始的。收集完树枝后，约翰斯顿老师帮助孩子们清理树枝并除去较小的枝丫，让树枝足够光滑，可以涂色。为了制作叉铃，孩子们结伴用鲜艳的丙烯颜料给他们的树枝上色。科莱特和菲利克斯结伴成组，其中一个孩子拿着树枝，另一个孩子在树枝上绘画，以这样的方式轮流进行。孩子们可以选择把他们的树枝涂成紫色、蓝色和灰色。科莱特看着菲利克斯通过叠加颜色创造出他所说的“斑点色”后大笑。

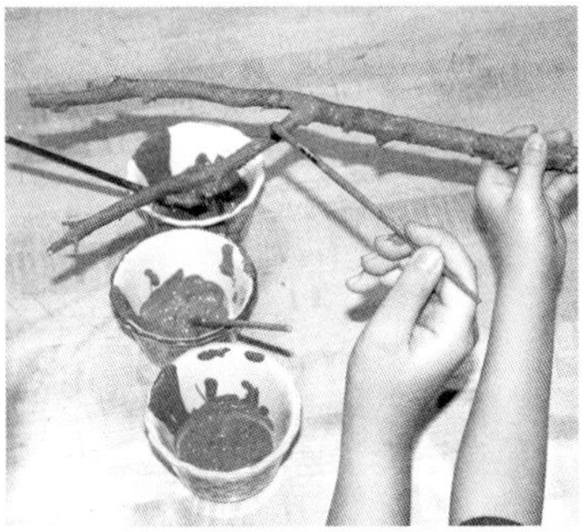

在活动的最后一天，每组孩子都有和约翰斯顿老师一起工作的机会，他们用颜色鲜艳的绳子在树杈末端绑一个彩色的把手。把手绑好后，每组孩子可以选择一些彩色的纽扣和珠子，用线穿在树杈上面。菲利克斯和科莱特选择了几个大塑料纽扣和一些小珠子来穿。因为菲利克斯想做一个能发出“很大声音”的叉铃。他们花了点时间来决定纽扣和珠子的排列顺序，当他们把纽扣和珠子穿好后，约翰斯顿老师小心地把绳子末端系在树杈的两边，然后让孩子们拿住树枝，她再用热熔胶把它们固定住。待胶干后，孩子们就把他们的新乐器添加到班级物品中，以便在集体活动时使用。叉铃为孩子们的音乐探索增添了新的、独特的声音。

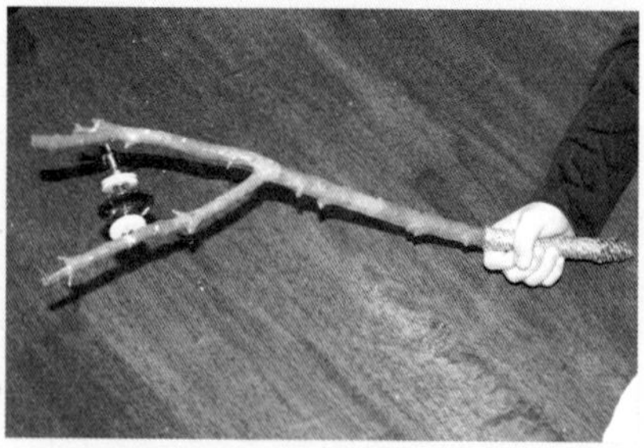

反思

菲利克斯和科莱特合作制作了一个叉铃，这提示了我们游戏性在创造性的音乐和动作经验中的重要作用。叉铃的制作过程提供了很多机会，让老师能和孩子们非正式地谈论他们的感受、谈论有关声音的科学，并让孩子自己制造音乐。这种体验是开放式的，涂色和选择发声材料都没有唯一的正确方法，这能让孩子们运用艺术材料创造性地进行思考。

将音乐和动作融入活动的小贴士

在教室中，考虑一天中何时安排动作和音乐活动的同时，考虑空间需求也是很重要的。当引入舞蹈和动作的活动机会时，充足的空间是必须的。此外，儿童的音乐体验活动会非常活跃而且声音会很大，所以在计划音乐活动时要考虑其他活动在教室或幼儿园开展的位置。动作与力和运动的科学、工程概念有着天然的联系，所以教室的工程和设计中心为鼓励孩子们在独立探究中进行建构和探索提供了丰富的机会。

用于引发音乐和动作探索活动的提问

用抽象词汇来描述音乐和动作对儿童来说是有挑战性的。你可以给儿童展示图片来帮助他们命名和描述动作。

- 你能描述你听到的声音吗？是柔和的还是响亮的？
- 你为什么觉得这件乐器发出来的声音和那一件不一样？
- 你能说出是什么让声音听起来不一样吗？
- 孩子们在干什么？
- 在推和跑的时候你感觉如何？
- 你可以用身体来告诉我他们是如何移动的吗？

活动方案

舞动的彩带

活动主题

力、运动、精细动作和粗大动作、设计。

创造性技能

- 探索
- 视觉化

活动目标

儿童将制作彩带棒并探索他们在舞蹈和移动时用彩带棒所做的动作。

活动材料

30 厘米～ 45 厘米长的木棍或木销子（人手一个），各种长度的彩带、绳子、花边或纱线，热熔胶枪（成人使用）。

活动概况

儿童将自制彩带棒并在音乐与舞蹈活动中使用。由于该活动会涉及热熔胶枪的使用，最好让他们以小组形式活动。如果这是他们第一次使用彩带棒，那么在儿童制作之前给他们看一个彩带棒的样品，将会有所帮助。

活动过程

1. 向儿童介绍他们可以用来制作彩带棒的各种彩带。

2. 让儿童思考舞动彩带棒时，不同重量、不同长度的材料会有怎样的表现。

3. 请每个儿童选择自己想使用的材料，并帮助他们在棍子上缠绕各种彩带。

4. 用热熔胶枪将彩带的一端固定在棍子上。

5. 待胶水冷却后，邀请儿童尝试各种动作（速度可快可慢，幅度可大可小），并配合不同节奏的音乐。

活动记录

记录儿童根据不同类型的舞蹈和音乐调整自己动作的能力。

活动延伸

该活动中可以鼓励儿童创造他们自己的动作（例如，“开心或伤心的动作是什么样的？”），或鼓励他们将动作与播放的音乐相匹配。

探索瓶

活动主题

了解不同固体和液体的性质、运动和设计。

创造性技能

- 探索
- 视觉化
- 交流与合作
- 寻找解决方案

活动目标

儿童将结伴制作能探究各种材料运动方式的探索瓶。

活动材料

塑料水瓶（空瓶且已除去标签），食用油，矿物油，透明洗手液，水，食用色素，小纽扣、珠子、亮片、石头、贝壳或闪粉，塑料漏斗，强力胶（成人使用）。

活动概况

在与儿童一起活动之前先清洁瓶子并除去标签。该活动最好以结伴或以小组形式开展，让儿童制作能够让教室中所有孩子使用的瓶子。

活动过程

1. 请儿童探索为制作探索瓶所收集的材料。和他们讨论有关运动的话题并鼓励他们思考不同的材料可能会发生什么。教师可提出如下问题："石头和贝壳哪一个会在瓶子里下沉得更快？你为什么这么认为？""如果我们在同一个瓶子里加水和矿物油会发生什么？它们会混合在一起吗？""食用油的反应会和矿物油一样吗？"，以及"闪粉会浮在水上吗？在矿物油里呢？"

2. 帮助儿童将他们所选的液体倒入瓶子中，然后加入他们选的材料（当瓶口较小时可使用漏斗）。鼓励儿童在加入材料时仔细观察。

3. 所有东西加好以后，用强力胶把瓶盖封死。

4. 鼓励儿童摇晃瓶子并观察。（在水中加几滴透明洗手液会使物体在水中移动得更快，但加几勺胶水则会让物体的移动变慢。如果使用的是金属物品，加入矿物油可以防止它们生锈。）

活动记录

记录儿童对物质运动的观察，鼓励他们描述所看见的运动。

活动延伸

虽然本活动的目标指向运动，但还可以做一些与科学和艺术其他领域相联系的探索瓶。例如，可以用磁铁芯片、磁铁棒和矿物油做磁铁瓶。

STEM 儿歌和手指游戏

创造性技能

- 探索
- 视觉化
- 交流与合作

活动主题

STEM 内容、精细动作和音乐的整合。

活动目标

儿童将分小组唱 STEM 儿歌及玩手指游戏，以此来扩展他们实践性学习的经验。

活动材料

不需要材料，但是也可以做些小图卡或增加一些乐器。

活动概况

邀请全班儿童参与的集体活动。提出类似这样的问题："你能描述不同类型的动作吗？"（如是快还是慢，是直线的还是曲线的，是稳定的还是抖动的）通过这些问题促使儿童分享他们对动作的理解。在下面的儿歌中选择，和儿童一起创编对应歌词的动作。

高高小小的花（生命科学）

花儿高，（举起食指、中指和无名指）

花儿小，（举起小拇指和大拇指）

一个一个数一数，（用另一只手依次数每一个手指）

微风吹来啦，（慢慢舞动手指）

开在春天的阳光下！（所有手指伸直，高高举起）

1、2、3、4、5。（点数每一个手指）

起飞啦！（地球与空间科学）

登上太空船，（四肢做爬梯动作）

我们去月球。（指向天上的月亮）

快快准备好，（原地跑）

马上就起飞。（继续摇动四肢）

戴上小头盔，（带上想象中的头盔）

系紧安全带，（做扣好安全带的动作）

开始倒计时，（手指放在嘴唇前做“嘘”的动作）

一起倒数吧！（用手指从 10 开始倒数）

现在起飞啦！（跳起来）

灰象玩平衡（生命科学）

一头灰象玩平衡，（邀请一个孩子走到中间）

一根绳上慢慢走。（张开手臂假装在绳子上行走并保持平衡）

以为是个绝妙的特技，（继续小心地走）

他叫来了另一头大象。（指出另一个孩子，请他加入）

两头灰象玩平衡，（重复先前的动作或鼓励孩子在移动时手拉手）

一根绳上慢慢走。

以为是个绝妙的特技，

他们叫来了另一头大象。（指第三个孩子，请他加入；重复儿歌直到所有孩子在“绳子”上保持平衡）

X（孩子总数量）头灰象玩平衡，（所有孩子伸开手臂做单腿站平衡动作）

一根绳上慢慢走。（所有孩子都慢慢地、小心地向前走）

突然一下绳子断，（所有孩子都倒在地板上）

掉在地上变象群。

活动记录

在念玩儿歌时对儿童的动作和合作情况进行轶事记录，还可以对他们的动作进行录像以获取更多资料。

活动延伸

可以在整个学年中定期增添儿歌和描述动作的手指游戏以扩展课程内容，还可以鼓励儿童为其他熟悉的儿歌创编新的动作。

转动的莫比乌斯环

创造性技能

- 探索
- 视觉化

活动主题

几何、视觉艺术和精细动作的整合。

活动目标

儿童将制作一个莫比乌斯环，并通过扭转纸环和观察结果来探索运动。

活动材料

1 条彩色美术纸（约 3.6 米 ×0.6 米），胶带，剪刀（成人用）。

活动概况

莫比乌斯环是一种只有一条边界的单侧面环，看起来像一个无限循环。一个莫比乌斯环只有一个面，所以一只沿着它爬的蚂蚁会在一段时间内沿着底部和顶部绕圈。如果用剪刀沿纸条的中央剪开，纸环不仅没有一分为二，反而能剪出一个两倍长的纸环。在这一活动中，儿童将运用精细动作来扭转纸环，但他们也将面临挑战——通过想象一只沿着纸环爬的蚂蚁或用他们自己的手指跟随纸环的中心移动，来思考莫比乌斯环的独有特性。这一活动可以以集体形式开展，然后将纸环放在数学区或 STEM 中心让儿童独立探究。

活动过程

1. 请儿童描述圆的形状，并想象如果他们扭转这个圆会发生什么，它会像什么样子。

2. 准备制作莫比乌斯环，在 3.6 米 ×0.6 米的彩纸中间竖着画一条线。

3. 让一个孩子拿着纸条，把两端靠在一起，然后请孩子将纸条一端转半圈，最后将两端粘在一起，会得到一个只有一面的莫比乌斯环。用手指沿着画的线绕一圈，以向儿童展示这个环的表面空间。

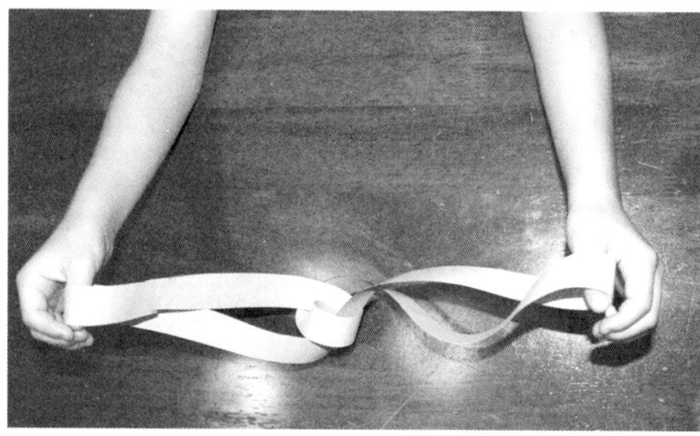

4. 小心地沿中间那条线剪开纸环（先用剪刀戳破纸再剪，这样就不会剪坏纸环）。剪断以后，纸环会变大。

5. 请儿童思考一下这个纸环是怎么从一个纸条变来的。教师可以向儿童介绍“表面”这个词，让他们想象一只沿着纸环表面爬行的蚂蚁——蚂蚁需要不停地爬下去，因为这个纸环没有尽头。

活动记录

记录教师和儿童在制作和探索莫比乌斯环时的非正式对话，这些可以作为支持他们提问的一种方式。

活动延伸

这一活动可通过向儿童展示艺术家创作的莫比乌斯环艺术作品进行延伸。访问谷歌艺术和文化网站可搜索更多有关莫比乌斯环的信息。

一些儿童友好型的艺术作品及参观地点如下：

由小田正美（Masami Kodama）创作的莫比乌斯环。这件艺术品被收藏在詹姆斯 A. 米切纳艺术馆（James A.Michener Art Museum），是一件大型室外青铜雕塑。

由濑户洋史（Hiroshi Seto）创作的莫比乌斯环。这件艺术品被存放在托托里地方博物馆（Tottori Prefectural Museum），是一件陶瓷雕塑。

彩绘叉铃

创造性技能

- 探索
- 视觉化
- 交流与合作
- 独创性
- 灵活性
- 有策略的规划

活动主题

声音、视觉艺术和设计的整合。

活动目标

儿童将制作彩绘叉铃，并探索叉铃发出的声音。

活动材料

短树杈（已清洁干净且去除分支），各色丙烯颜料和画笔，各种彩绳或纱线（每件乐器需要约 50 厘米长的一段），细线或结实的绳子（如鱼线），小珠子和纽扣（每件乐器需要 5 ~ 8 颗珠子或纽扣），热熔胶枪（成人使用），剪刀（成人用，用于剪断绳子、线和金属丝），录像设备。

活动概况

这个项目需要几天的时间来完成，最好让儿童结伴工作，这样他们可以在涂色、绕线以及穿珠时相互帮助。教师可以提前收集材料，如果条件允许，也可以邀请儿童和你一起去户外大自然中散步，以了解树杈在什么地方。

活动过程

1. 向儿童展示一张叉铃的图片，讨论它是如何通过摇动发出声音的。

2. 让儿童两两结伴，鼓励他们绘制自己独特的树枝。

3. 请儿童把树枝放在一边充分晾干。

4. 待树枝晾干后，为每组儿童提供一根50厘米长的绳子或纱线，将其缠绕在树枝底部来做一个彩色的把手。教师用胶水或热熔胶把绳子或纱线的一端粘在树枝上，这样儿童就可以轻松地缠绕出把手。

5. 各组儿童缠绕好把手后，教师用胶水或热熔胶把绳子的另一端粘牢。

6. 在细线或鱼线的一端打一个大结以便穿上珠子和纽扣，邀请每组儿童穿上5~8颗珠子或纽扣。

7. 将穿好珠子的线绳系在树杈合适的位置上，并用热熔胶固定。

8. 请儿童摇动和摆弄他们的新乐器，探索它们可以制造的声音。

活动记录

因为这是一个持续几天的项目，教师会有很多机会观察和记录儿童的经历。在儿童制作叉铃时，可以对他们的精细动作、交流情况以及合作技能进行轶事记录，并在儿童玩叉铃时拍摄录像。

活动延伸

邀请儿童用类似的材料制作其他乐器以延伸这一活动，包括用塑料吸管制成长笛、用金属罐制成定音鼓以及用硬纸板制成卡祖笛等。

相关儿童读物

Carle, Eric. 1996. *I See a Song.* New York, NY: Scholastic.

艾瑞克·卡尔在《我看到一首歌》这本书里呈现了一些精美的图片，里面讲述了一个拥有小提琴的音乐家和各种颜色的形状图案的故事。

Empson, Jo. 2012. *Rabbityness.* Auburn, ME: Child's Play.

《兔子喜欢做的事》是一本精美的图画书，画面从刚开始黑白的极简派艺术转变到后面色彩明艳的抽象艺术，为读者讲述了兔子的兴趣活动和它们的情感变化。

Martin, Bill, Jr., and John Archambault. 1988. *Listen to the Rain.* New York，NY: Henry Holt and Co.

《听雨》的画面是抽象且充满诗意的，押韵的文字可以促使儿童将他们的想象力集中在一滴雨滴发出的声音上。

第2章

戏剧艺术与STEM的结合

戏剧作为学习和表达的一种媒介，是对幼儿园教室内活动的自然补充。当儿童投入戏剧艺术时，在教师的支持和引导下，他们可以充分发挥想象，有机会发展沟通、合作和创造性思维技能。

创造性的戏剧体验包括儿童自发的动作、即兴表演和生动的探索。戏剧体验可以让儿童自由尝试新的想法和身份，这同样能够培养他们的社交和情感技能。戏剧艺术和STEM内容的整合允许儿童以新颖的方式探究问题和他们自己的想法，从而扩展他们的思考和理解。戏剧艺术的关键术语包括：

对白——戏剧或故事中的人物对话。

情节——从头到尾构成故事的一系列事件。

道具——在戏剧体验或故事讲述中所使用的物品，道具可以是物品具象，也可以是抽象的表征。

旁白——用于向观众介绍时间或地点的转换，或介绍新的角色。

即兴表演——戏剧艺术的一种类型，是指在没有准备的情况下表演一段音乐或故事。在小组故事讲述或音乐体验中运用即兴表演可以提升儿童的沟通、批判性思维、协作和创造能力。

如果计划在 STEM 经验中加入戏剧艺术的活动，教师可以参考《美国国家核心艺术标准》中的相关指导。在那里面，有关戏剧表演的标准是作为学习目标被提出的，可用来帮助教师在儿童戏剧艺术体验活动中进行直接和非正式的观察。教师可以把这些表现性标准作为一种有效的指导，在帮助儿童整合 STEM 和戏剧艺术经验的同时帮助他们掌握基础知识和创造性思维技能。

戏剧艺术活动应达到的标准

戏剧与连接

儿童在鼓励和支持下应该可以做到以下几点：

- 在戏剧表演或引导式戏剧体验中找出故事和个人经历的相似之处。
- 在戏剧表演或引导式戏剧体验中运用在其他领域获得的技能和知识。
- 找出戏剧表演或引导式戏剧体验中相似的故事。
- 在戏剧表演或引导式戏剧体验中讲述一个较短的故事。

戏剧与创作

儿童在鼓励和支持下应该能够做到以下几点：

- 在戏剧表演或引导式戏剧体验中实现想象与现实的转换。
- 使用非代表性材料制作道具、木偶，以及服装部件，用于戏剧表演或引导式戏剧体验。
- 在戏剧表演或引导式戏剧体验中使用有助于表演的手势和语言。
- 在戏剧表演或引导式戏剧体验中表达自己的想法。
- 在戏剧表演或引导式戏剧体验中回答问题。

戏剧与表演

儿童在鼓励和支持下应该能够做到以下几点：

- 识别戏剧表演或引导式戏剧体验中的角色。
- 理解想象力是戏剧表演或引导式戏剧体验的基础。
- 在戏剧表演或引导式戏剧体验中探索和实验多种技术要素。
- 愿意参与戏剧表演或引导式戏剧体验。

戏剧与回应

儿童在鼓励和支持下应该能够做到以下几点：

- 在戏剧表演或引导式戏剧体验中产生情感反应。
- 探索自己在戏剧表演或引导式戏剧体验中的偏好。
- 能叫出人物名称并描述戏剧表演或引导式戏剧体验中的人物。
- 积极参与戏剧表演或引导式戏剧体验。

有助于理解的活动案例：融入式戏剧

戴维斯老师正与他那群5岁的孩子们密切合作，为他们即将到来的苹果园秋游做准备。这个班级整个星期都在围绕苹果进行学习——制作苹果酱、用苹果拓印、探索苹果的内部来了解种子。除此之外，戴维斯老师还为孩子们计划了一个集体活动，将戏剧和动作融入对苹果的学习中。在进行集体活动时，戴维斯老师宣布："我们将表演一个从苹果种子长成一棵苹果树的小故事。我们要一起创编与故事相符的动作和表演。"首先，戴维斯老师给孩子们读了一遍故事《苹果树》，接着他又读了一遍，并邀请全班儿童创编故事中每个部分的动作。他每读一句台词，就邀请孩子们提出表演相应动作的想法。当全班孩子都同意某个符合故事意图的动作建议后，他就接着读下一句台词。

当所有台词都编好动作后，戴维斯老师第三次慢慢地朗读《苹果树》，并鼓励孩子们把相应的动作表演出来。

苹果树

- 这是一个温暖的秋日，你是一个掉在地上的成熟的红苹果。（动作参考：把身体缩成一个球。）
- 温暖的日子一去不复返，现在你身上盖着寒冷的雪。雪把你的种子推到你下面的土壤里。（动作参考：好像躺在一个球里一样，用手捂住自己的头。）
- 天气开始暖和起来，雪被春雨代替。你开始长出根须，把它插进你身下温暖的土壤中。（动作参考：好像躺在一个球里一样，把一条腿伸到身后。）
- 阳光好温暖，你开始萌生出一棵嫩绿的幼芽，它顶开了你上方的土壤继续向上生长。（动作参考：慢慢站起来，双手举过头顶，双脚踩稳。）
- 很多年过去了，现在你是一棵高高的苹果树，有着强壮的根和长长的树枝。你的树枝上开着粉红色的小花，它们刚刚开始生长。（动作参考：站直，伸出手臂。）
- 在温暖的春光中，你的粉红色花瓣掉在地上，留下刚刚开始生长的小小果实。（动作参考：移动小手并触摸到地上，再回到站立的位置，像树一样高高站立。）

- 整个夏天，你枝头的果实从绿色变成鲜艳的红色，长得越来越重。（动作参考：手臂慢慢向下伸。）
- 秋天，小朋友们每天都来采摘你那美味可口的果实。（动作参考：其他儿童轮流假装从扮演苹果树的儿童身上摘苹果。）

反思

戴维斯老师为儿童创造空间，将他们对科学的理解和动作、戏剧联系起来，他提供了有意义的方式以鼓励儿童扩展和加深他们的理解。邀请儿童参与动作和戏剧体验，同样有助于创设一个接受和鼓励多元化学习方式的教室环境。儿童需要教育者支持他们通过动觉探索、游戏和戏剧等多种方式去建构意义。在教室中鼓励和提供有意义的戏剧和动作机会，将有助于支持儿童以多种方式去认识、探索、创造和再创造。

将戏剧艺术融入活动的小贴士

戏剧体验可以在一天中的任何时间进行，室内、室外均可，它可以贯穿STEM的所有领域内容。当儿童在进行有关STEM内容的活动时，教师可以有意识地计划和支持戏剧的整合和加入，就像戴维斯老师读《苹果树》时和他的孩子们所做的那样。接下来将提供戏剧和STEM整合的具体例子，但同样也可以用于规划和布置教室以支持儿童的自发活动。通过提供戏剧游戏的相关材料，教室里的科学区和数学区中心同样也可以扩展儿童的探索。例如，在科学区，儿童可以用动物木偶来扩展他们在生命科学中对动物和栖息地的学习；可以鼓励儿童和教师一起创作一个关于数数的即兴故事，而不是用一本关于数数的图画书来引入一个新的数学活动。

用于引发戏剧艺术探索活动的提问

- 关于这个想法我们可以讲个什么故事？
- 你觉得老虎高兴的时候怎么叫？老虎累了的时候怎么叫？
- 你可以用什么道具来帮助你讲这个故事？我们能制作出你所需要的道具吗？
- 你可以想象躲在熊洞里面是什么感觉吗？
- 想象一下你变成蚂蚁那么小，你可以爬进很多地方。你觉得电脑里面的声音是什么样的？是吵闹的还是安静的？如果你在里面，会听到什么声音？

活动方案

道具制作：变形积木

创造性技能

- 探索
- 视觉化
- 交流与合作
- 寻找解决方案
- 灵活性
- 详述
- 独创性

活动主题

生命科学（人类或动物的栖息地），戏剧艺术（道具制作）。

活动目标

儿童将设计和制作戏剧表演的道具，并将其添加到教室的积木区或数学区中。

活动材料

各种规格和形状的木制积木，各色丙烯颜料，细刷子，油性记号笔，胶带，桌布，绘画罩衫，人类栖息地（如城市、乡村、社区）或动物栖息地（如树林、沙漠）的图片。

活动概况

本活动将永久性改变所使用的积木块，所以请确保仅提供可改变的积木或建构材料给儿童。这类体验为儿童提供了道具制作的入门经验，并且很容易在教室中扩展他们的游戏经验。该活动最好是围绕一个单独的主题进行，让儿童以小组形式共同制作积木道具。

活动过程

1. 请儿童思考他们最感兴趣的栖息地，教师可以基于他们在教室中已有的游戏经验提供建议。

2. 全班选择一个栖息地场景。鼓励儿童思考如何给清水积木块画上图案或涂色，以做出能代表所选栖息地中建筑或树木的道具。鼓励儿童仔细观察他们所选栖息地的图片。请他们思考：可以如何使用一块积木做出建筑物的样子？怎样才能在积木块上加上窗户或砖头？

3. 请儿童去探索为他们准备的颜料和记号笔。由于丙烯颜料和油性记号笔不可水洗，所以一定要在儿童工作的桌子上铺桌布，并让他们穿上罩衫以盖住他们的衣服。一定要向儿童强调必须小心使用这些材料，因为它们对这个活动来说是特别准备的。

4. 在儿童开始活动时，和他们讨论所选的栖息地，并鼓励他们参考栖息地的图片以寻找灵感。

5. 等积木彻底干透，可以把它们放到教室中供日常使用。

活动记录

记录儿童之间的合作、交流，以及与所选想法关联的道具制作能力。

活动延伸

该活动可以通过鼓励儿童为教室的其他区域制作道具来延伸。儿童可以为故事绘制图片，或为故事角色制作木偶。

手偶一家

活动主题

生命科学（动物和植物），戏剧艺术（道具制作和故事讲述）。

创造性技能

- 视觉化
- 交流与合作
- 灵活性
- 详述
- 独创性
- 整体计划

活动目标

儿童将制作动物一家或植物一家的手偶，发展用手偶讲述简短故事的能力。

活动材料

毡布手偶（可以通过描摹儿童手的轮廓制作，并在手周围留出至少 3 厘米以便粘贴，每个儿童需要 2 块约 17 平方厘米～ 20 平方厘米的毡布），装饰材料（彩纸、黏土、纽扣、亮片、缎带、毛根、眼睛贴、记号笔、丙烯颜料），剪刀（成人用），热熔胶枪（成人用），素描纸和铅笔，录像设备。

活动概况

该活动可以以小组或集体形式分成几天开展，让儿童可以尽情地计划、制作并在故事讲述中使用他们的手偶。在和儿童一起开始活动之前，教师可以先描绘、剪下、粘贴毡布手偶，并晾干它们。

活动过程

1. 和儿童讨论手偶。问问他们：之前使用过手偶吗？教室里有手偶吗？你们能用手偶讲什么故事？

2. 介绍家庭的概念，比如，问问儿童："家庭"是什么意思？家里都有哪些成员？

3. 请儿童思考如何制作花或动物一家的手偶。鼓励他们在纸上简单记录自己的想法。教师可以通过提问来帮助他们做计划，例如：

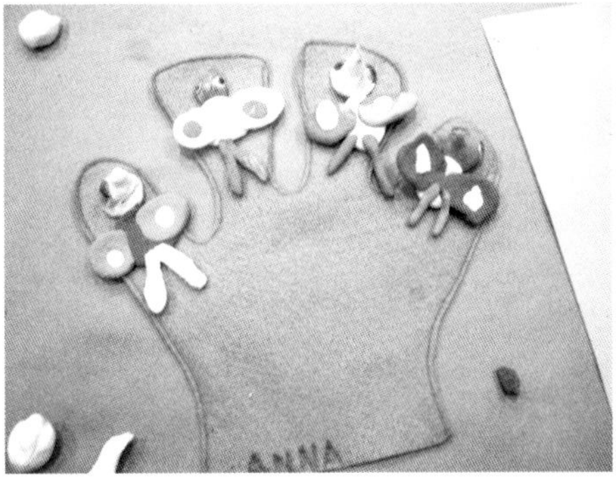

- 花的一家里有多少朵花?
- 狗的一家中的狗长什么样? 它们会是什么颜色?
- 你需要什么才能让这些花看上去像是一家人?
- 你可以用手偶讲一个关于动物或植物一家的有趣的故事吗?

4. 儿童制定好计划以后，请他们装饰手偶以创造他们的手偶一家。提醒他们教师可以帮忙用热熔胶枪把装饰物粘到毡布上，只有那样重的装饰物才不会掉下来。

5. 手偶晾干后，可以在教室中设置一个用手偶讲故事的地方，或利用集体活动的时间让儿童分享他们的故事。

活动记录

草图和手偶可被用来记录儿童的经验和他们对于相关科学概念的理解。可以在儿童讲故事时进行录像或记录，以记下他们相关的交流和经验表达。

活动延伸

该活动可以通过请儿童制作他们真实家人样式的手偶来延伸，如果把这类体验放在幼儿园的亲子之夜，让儿童和他们的家人一起完成，会很有趣。

数字化的故事讲述

创造性技能

- 探索
- 交流与合作
- 记录

活动主题

技术的使用，戏剧艺术（讲述故事）。

活动目标

- 儿童将使用数字媒体进行交流和工作。
- 儿童将使用数字媒体清晰地交流，并进行自我表达和表现。

活动材料

在 iPad 或儿童平板电脑上下载有创意的应用程序，苹果和安卓平台上可推荐的免费应用程序如下：

- 利巴剧场（Lipa Theater），利巴学习出品。推荐年龄：4 岁及以上。这个应用程序可供儿童在数字化的木偶剧场中创作和录制故事。
- 优米儿童故事骰子（Yumi Story Dice Kids），AACorn 出品。推荐年龄：4 岁及以上。这个应用程序是一个你自己可以做选择的冒险故事，每掷一次骰子都会改变故事的走向。
- 故事机器人（StoryBots），JibJab 传媒有限公司出品。推荐年龄：3 岁及以上。这款应用程序中有很多书和视频，甚至能让儿童在自己创作的故事中担任主角。

活动概况

游戏时以儿童结伴的方式促进合作和交流，这样活动的效果最佳。

活动过程

1. 如果这是第一次使用某款应用程序，那么最好能在集体活动时简单介绍这款应用程序及其功能，这样可以让儿童知道这款应用程序可以做什么。

2. 请一对结伴的儿童选择一款在多媒体技术区活动时使用的应用程序。适当的提问将有助于提升他们行动的目的性，如：在你……的时候发生了什么？你知道怎样让……发生吗？当你……的时候，为什么……会发生？

3. 因为记录是任何数字化游戏的重要组成部分，请儿童在集体活动时间用故事讲述的方式分享他们的经验。

活动记录

对儿童协作、交流和编故事的能力进行轶事记录。小组记录可以包括记录故事本身，这也是记录儿童表达自己理解和想法的方式之一。

活动延伸

数字视频也可以作为辅助故事讲述的一种形式引入到活动中，并且可以和家长分享这些视频。

引导式景象刻画

活动主题

生命科学、地球科学和戏剧艺术。

创造性技能

- 探索
- 视觉化
- 独创性

活动目标

儿童将参与引导式景象刻画，以提升形象化和想象思考的能力。

活动概况

引导式景象刻画可以以小组或集体形式开展，但要确保有让儿童坐下或躺下放松的空间。应该找一个相对安静的空间或时间，这样儿童才能够专注于教师说的话以及教师分享的与故事相关的景象。

活动过程

1. 让儿童闭上眼睛想象一只狗。问他们：想象的狗是什么样子？它们是大的还是小的？它们在摇尾巴吗？

2. 让儿童睁开眼睛，和他们讨论“想象”。问他们：之前听过这个词吗？能说说自己某一次运用想象的经历吗？

3. 向儿童说明教师将要读一个能刻画景象的故事，请儿童闭上眼睛，随着故事的进行尝试想象故事的画面。让儿童找到舒适、放松的方式，并建议他们尽可能保持安静。

4. 在读完一个景象刻画的故事后，邀请儿童分享他们的体验。如果儿童对引导式景象刻画还不熟悉，教师可以在几天中用不同的故事重复这个活动，这样儿童就能习惯这个过程了。

在以下引导式景象刻画的故事中选择一个请儿童体验。

雪中行

1. 在房间里找一个可以躺下舒展开来或静静坐着的地方。

2. 做 2 ~ 3 次缓慢的深呼吸，看看你是否能平静下来。倾听你的呼吸，看看你是否能呼吸得轻到没人能听见你的声音。

3. 试着放松，但要保持背部挺直，这样你可以呼吸得更顺畅。

4. 闭上你的眼睛，让你的想象力描绘一个美丽的下雪天的场景。

5. 发挥你的想象力，穿上外套和靴子走出去，走进松软的白雪中。你以前在雪地里走过吗？感受雪轻轻地落在你的手和脸上。伸出你的双手，等待手上落满雪花。

6. 看看你手中的雪，张开你的手指让雪落到地上。微风拂过你四周的雪，感觉清凉宜人。想象你走在雪地里。雪踩起来发出嘎吱嘎吱的声音，靴子随着脚步发出轻轻的声音。你发现了一块很松软的雪地。躺下来，用你的手臂和腿在雪地上滑动，画一个雪地天使。看看你的雪地天使。然后你在雪中玩耍着、画着天使，你感到很快乐。

7. 你开始感到有一点儿冷，是时候躲进暖和的地方了。你想要喝点暖和的东西。想象进屋以后你想喝点什么。想想我们的房间，看看你是否能在脑海中想出它的画面。

8. 当你准备结束在雪中的玩耍时，仔细听你房间里的声音。摇摇你的手指，然后充分伸展你的身体。睁开你的眼睛看看四周，直到你看见我。

森林

1. 在房间里找一个可以躺下舒展开来或静静坐着的地方。

2. 做 2 ~ 3 次缓慢的深呼吸，看看你是否能平静下来。倾听你的呼吸，看看你是否能呼吸得轻到没人能听见你的声音。尽量放松，但要保持背部挺直，这样你可以呼吸得更顺畅。

3. 现在想象你正沿着一条小路走向绿色的森林。当你走在小路上，你会看到、听到、闻到并感受到树木和花草。你周围都是树、草、地被植物和芳香的花。你可以听到鸟儿的鸣叫和微风轻轻吹过树梢的声音。透过树梢间的缝隙，你看见太阳高高地挂在无云的蓝天上。阳光透过树冠照射到森林的地面上，形成美丽的光影图案。

4. 很快，你来到森林中一片没有树的空地上。那儿有几块平坦的岩石，周围长满了柔软的苔藓。一条小溪在岩石间流过。你靠在一块岩石或是松软的苔藓上，把你的脚放进清凉的溪水中。你感受着温暖的阳光。轻柔的微风穿过你的头发，拂过你的皮肤。波光粼粼的溪水在多彩的岩石周围奔涌。你把手伸进溪水中，捧起一些水到嘴边。溪水又凉又清爽。你闭上双眼，听着溪水在岩石间涓涓流淌。

5. 当你准备好了，想象着你慢慢地站起来离开那块空地。当你沿着那条林间小路回去时，你能够感受到温暖的阳光照在脸上。当你准备结束在森林中的行走时，仔细听你房间里的声音。摇摇你的手指，然后充分伸展你的身体。睁开你的眼睛看看四周，直到你看见我。

沙滩

1. 在房间里找一个可以躺下舒展开来或静静坐着的地方。做2～3次缓慢的深呼吸，看看你是否能平静下来。倾听你的呼吸，看看你是否能呼吸得轻到没人能听见你的声音。尽量放松，但要保持背部挺直，这样你可以呼吸得更顺畅。

2. 想象你正从一个又长又窄的木质平台上走向一个有很多沙子的美丽沙滩。你光着脚，感觉到粗糙的、风化的地面，你注意到白色的沙子是如何沿着海岸线延伸到视线尽头的。大海是一片明亮的蓝色，带着浪花向岸边涌来。你走到平台的尽头拾级而下，走到温暖的沙滩上。你在脚趾间轻轻地揉搓着一些沙子，你弯下腰抓起一把沙子。在你手指和脚趾间的沙子感觉起来是什么样的？

3. 你开始慢慢地向海边走去，你的脸上和肩头洒满了温暖的阳光。咸咸的海边空气很好闻，你深吸一口气……再慢慢地呼气……你觉得更放松、更清新了。最终，你走到了海边，踩进海水中，看着海水流过脚趾和脚踝。你看着海浪平稳地向你滑过来，轻轻地扫过你的脚，然后浪花又慢慢地退回大海中。当你眺望眼前的大海时，冰凉的海水让你感到柔软且舒适。你注意到有两只海鸥优雅地翱翔在海面上的高空中，随着它们逐渐飞远，你听见它们的叫声变得越来越轻。

4. 过了一会儿，你开始沿着沙滩的海岸线走。当你继续在海滩上漫步时，你注意到有一张彩色的沙滩椅放在一个美丽而宁静的地方，那里的沙滩柔软而平展。你走近这张看上去很舒适的沙滩椅，然后坐下、躺下、调整好姿势。你做了一次长长的深呼吸，慢慢地呼气，在椅子上放松的时候你感到更加的轻松和舒适。当你准备结束在椅子上的休息时，仔细听房间里的声音。摇摇你的手指，然后充分伸展你的身体。睁开你的眼睛看看四周，直到你看见我。

活动记录

当儿童讨论他们的经历时，可以对他们在引导式景象刻画中的经历进行轶事记录。

活动延伸

可以创编一些与班级正在进行的地球或生命科学的主题相一致的引导式景象刻画故事，以延伸这个活动，例如太空漫步、乘坐飞机看向地球或观察野生动物等。

相关儿童读物

Daywalt, Drew. 2013. *The Day the Crayons Quit*. New York, NY: Philomel Books.

《蜡笔退出的那一天》分享了一个关于蜡笔有无限生命的奇妙故事，它将吸引儿童，激发他们思考当日常用品被用来讲述意想不到的故事时是多么有趣。

Kelsey, Elin, and Soyeon Kim. 2012. *You Are Stardust.* Toronto, ON: Owlkids Books.

《你是星辰》这本书让儿童在探索书中呈现的美丽的立体艺术时能尽情发挥他们的创造力和想象力。这本书还能很好地激发儿童思考我们与自然世界的关系。

Williams, Sue. 1996. *I Went Walking.* Boston, MA: HMH Books for Young Readers.

这本有趣的硬纸板书讲述了一个小男孩在乡间散步的故事。这本书依次介绍了小男孩遇到的每种动物，让儿童通过猜测下一个即将出现的动物来参与故事的发展。

第3章

视觉艺术与 STEM 的结合

当一个孩子使用黏土做一座桥时，她学习的不仅仅是黏土的特性和使用，还学习了关于平衡、垂直和对称等工程概念。视觉艺术和 STEM 的整合经验可以为儿童提供许多机会，让他们在科学、技术、工程和数学活动中找到意义。视觉艺术的经验比单纯的艺术创作更为多样化。幼儿视觉艺术教育的综合模式包括艺术制作经验、与艺术接触的机会及审美经验（Eglinton, 2003）[1]。对这三个模块的关注将有助于支持儿童在视觉艺术和 STEM 领域中发展知识和技能。

1 Eglinton, Kristen. 2003. Art in the Early Years. New York, NY: Routledge.

视觉艺术中的关键术语

媒介——用于创作艺术作品的材料。在幼儿教室中常见的媒介有丙烯颜料、水彩颜料、黏土、蜡笔、彩色铅笔和马克笔等。数字媒介包括用于艺术体验或记录的各种相机。

表征——表现艺术的特征。

审美——对美的思考或对美的欣赏。

叙事——讲述故事的艺术。

当计划的活动包含视觉艺术和 STEM 体验时，教师可以参考《美国国家核心艺术标准》中的相关指导。在那里面，有关视觉艺术表现的标准是作为学习目标提出的，可用来帮助教师对儿童在教室中体验视觉艺术的过程进行直接和非正式的观察。在促进儿童发展基础知识和创造性思维技能时，教师可以使用这些表现性标准作为统整 STEM 和视觉艺术经验的实用指南。

视觉艺术活动应达到的标准

视觉艺术与连接

当儿童进行视觉艺术活动时，他们将学会做到以下几点：

- 使用描述性、表达性语言和艺术创作来探索世界。
- 认识到人类创造艺术。
- 利用材料进行自主游戏。

- 进行创造性自主制作。
- 使用各种艺术制作工具。
- 与他人分享材料。
- 创造并乐于讨论艺术，讲述关于熟悉的地方或物品的故事。
- 分享并描述个人艺术作品。

视觉艺术与展示

在视觉艺术体验中，儿童将学习这些。

- 了解保存和展示物品、文物和艺术品的原因。
- 了解艺术品可能被展示或保存的地方。
- 了解艺术品可能在幼儿园内外展示的位置。
- 在自己所处环境中识别艺术品。
- 区分图像和实物。
- 通过识别和描述艺术品的主题来解读艺术。
- 选择自己喜欢的艺术作品。

有助于理解的活动案例：社区中的再生艺术品

亚细亚和她的同学们要去弗吉尼亚动物园进行一次特别的郊游。除了看动物，孩子们还要去儿童花园里看一座雕塑。亚细亚非常兴奋，因为全班同学要去看的雕塑是由回收资源和再生材料做成的，等他们回到幼儿园后还会为班级的新花园创作他们自己的雕塑。最近他们一直在探索有关环境的一切，以及为什么资源回收很重要。

当他们来到儿童花园时，他们班的埃里克老师喊道："孩子们，这里就是儿童花园，你们可以看到这里使用的各种回收材料。四处走走，但是要和你的好朋友待在这个区域里，当你发现某种回收材料的时候就告诉我们。”亚细亚和她的小伙伴在刷成明黄色的轮胎旁边停下来，轮胎里种着鲜花。亚细亚喊道：“埃里克老师，你看轮胎！”几个小朋友和埃里克老师走过来仔细看了看，而其他孩子注意到周围还有其他种着鲜花的轮胎。“好的，看看那儿，”埃里克老师说，“你们想过在轮胎里种花吗？”

然后孩子们又走到花园中央的一个大型雕塑前进行探索，这个雕塑像一棵树，是用回收的瓶子做成的。当孩子们观察时，埃里克老师开始讲述艺术家是如何设计这座雕塑的，并问道：“你觉得它像什么样子？”亚细亚立刻叫出来：“一棵树！”接着埃里克老师问她为什么这么想。亚细亚指着末端有瓶子的长条金属块说是树枝，指着中间更大的金属块说是树干。埃里克认可了亚细亚的想法，并继续鼓励孩子们思考为什么艺术家要在花园里做一个树的雕塑。孩子们开始说出自己的想法，埃里克老师鼓励每个孩子解释自己的想法和观察结果。

反思

参观现场或博物馆并不是让儿童接触视觉艺术的唯一途径。许多社区在公园、动物园、自然中心和市政建筑的空地上陈列了公共艺术品。我们每天路过这些作品，却没能从视觉和美学上探索它们。提醒儿童注意自己所在社区中的公共视觉艺术，可以促进儿童去积极了解自己所在的社区以及艺术在这些社区中的作用。教师在引入更多的艺术观赏经验之前，可以先了解社区中艺术作品的位置。

将视觉艺术融入活动的小贴士

与视觉艺术的互动可以涉及许多不同类型的材料和媒介。创建一个艺术活动区或专门的视觉艺术区，是鼓励儿童在独立探究中进行创造和探索的良好教育策略。充足的空间是规划艺术区时必须考虑的因素，因为儿童需要空间用各种媒介来做准备和探索，并且还需要有指定的晾干和存放作品的区域。这样的艺术区要可以容纳各种尺寸、各种重量的纸张，画架，各种类型的颜料，刷子，黏土，黏土工具，小木棒，胶带，橡皮筋，艺术书籍，海报，有关视觉艺术的杂志，铅笔和钢笔等。数码相机、iPad或平板电脑等电子媒介也可以被纳入视觉艺术区域，供儿童生成或探究他们的想法或问题。

用于引发视觉艺术探索活动的提问

- 关于这件艺术品，你首先注意到的是什么？
- 你以前见过像这样的艺术品吗？
- 你觉得艺术家为什么要做这件艺术品？
- 这是用哪种材料做的？
- 你是怎么决定要画（涂或做）什么的？
- 你能告诉我你画（涂或做）了什么吗？

活动方案

规划和种植彩色花园

活动主题

生命科学（植物生长与变化），视觉艺术（色彩与表现）。

创造性技能

- 探索
- 视觉化
- 有策略的规划
- 记录
- 交流与合作

活动目标

儿童将规划、种植和照料教室中的彩色花园。

活动材料

规划阶段的材料：

素描纸，铅笔，待剪的花朵图样，儿童安全剪刀，胶带或胶水，用于设计花园的大张彩色美术纸或展示板，用于调查研究的 iPad 或平板电脑。

种植阶段的材料：

所选花的种子或幼苗，容器和土壤（如果盆栽，需要准备），制作标志牌的材料（丙烯颜料、画笔、木桩、耐风化的板子），锤子和钉子（成人用），用于移植的瓦刀或小铲子，洒水壶或盛水容器。

照料（生长）阶段的材料：

洒水壶或盛水容器，科学或艺术记录本，铅笔，尺子（用于测量植物的生长高度）。

活动概况

这个活动将会持续数月，所以教师需要理解儿童的兴趣热度在活动过程中的起伏状况。在儿童感兴趣的时候，教师应为每个儿童提供参与活动的机会，在他们不那么感兴趣参加活动时，教师应鼓励儿童观察并倾听同伴讲述观察到的变化。

活动过程

规划阶段：

1. 鼓励儿童描述他们在花园或商店里看到过的各种颜色的花。请全班儿童回忆三原色（红、黄、蓝）和三间色（绿、橙、紫）。

2. 和儿童讨论如何种植出彩色的花园——一个既有三原色也有三间色的花园。

3. 在艺术区或其他区域投放花卉的图片，请儿童在这些地方花点时间设计他们自己的彩色花园。

4. 帮助儿童使用 iPad 或平板电脑来探究所选花的名称或品种。请全班孩子看看这些花，选择最喜欢（或最多孩子接受）的花，种在班级的花园里。教师还要做一些额外的研究，了解儿童所选的品种喜阳还是喜阴，然后帮助儿童做出彩色花园的最终设计。

5. 研究完成后，请儿童用铅笔和纸画出花园布局的草图。教师也可以鼓励他们剪下广告、杂志或其他来源的花卉图片粘贴到他们的设计图上。如果儿童愿意，全班也可在较大的彩色美术纸或展示板上做一个花园的最终布局图。

种植阶段：

1. 在开始这部分活动之前，教师可以将耐风化的板子钉在木桩上来做标志牌。

2. 和儿童一起在每种花的标志牌上画上标签。如果个别孩子已经知道如何写一些必需的字母，就鼓励他们写下来。或者，鼓励儿童把标签内容告诉教师，由教师来写，然后把标志牌晾干。

3. 请儿童给画好标签的标志牌画些装饰，提醒他们不要遮盖住标签。然后把标志牌晾干。

4. 根据设计方案，请儿童和教师一起种下种子或幼苗。

5. 种植完成后，鼓励儿童为对应的植物插上标志牌。

照料（生长）阶段：

1. 在合适的时间请儿童和教师一起浇花。

2. 演示如何使用尺子测量花的生长高度，鼓励儿童在他们的科学或艺术记录本上追踪记录植物的生长过程。

活动记录

作为一个长期活动，教师会有很多机会在儿童对话和他们观测的过程中观察儿童的思考。此外，他们的花园规划设计图和科学或艺术记录本将为他们在活动中的体验和思考提供充分的支持。

活动延伸

该活动可以通过创建其他种类的园子来扩展延伸，包括蝴蝶园、水果园和蔬菜园。这些都是易于种植的花园示例，也可以在幼儿园周围的大花坛或小空间中进行。

开放性材料的建构

创造性技能

- 探索
- 视觉化
- 寻找解决方案
- 灵活性
- 详述
- 独创性
- 有策略的规划

活动主题

地球科学（环境保护和循环利用），视觉艺术（雕塑和 3D 操作）。

活动目标

儿童将与同伴合作，创造一个由开放性材料和废旧物品做成的不断变化的雕塑。儿童将在教室里探究传统和非传统的建构材料。

活动材料

各种开放性材料，如木板、软木塞、胶合板、藤条、轻木条、小木棒；各种颜色和形状的玻璃珠或塑料珠（一面平一面圆的珠子，通常作为花瓶填充物），石头，各种尺寸和形状的瓷砖；废旧物，如破损或废弃的玩具部件、可回收材料（盒子、塑料容器）以及自然材料（石头、树叶、贝壳）；相机。

活动概况

根据儿童兴趣的持久度，该活动在班级中可持续开展几天或几周，因此最好在教室里安排一个存放剩余材料的空间以便儿童再次使用它们。这可以让儿童知道创造的过程是不断变化和积累的，所以需要给他们提供重新回顾之前工作的机会。

活动过程

1. 请儿童探究开放性材料和收集来的废旧物品，想想这些物品和材料可以如何使用。

2. 进行如下提问，以帮助儿童探究物品组合和重组的方法：你能用那些闪亮的石头做什么？你觉得可以把那些物品放在一起创造出什么吗？帮助儿童理解本次活动的形式是小组合作，他们小组的作品应随着时间逐渐改进并发生变化。

3. 一定要提醒儿童，在接下来的几天或几周内他们将有很多机会使用这些材料。

活动记录

由于这是一个长期的体验，如果花时间和儿童一起活动，教师会有很多机会来观察和拓展他们的思维和经验，也可以用相机拍下他们的作品。在拆开作品将零部件用在新地方之前，儿童可能希望拥有一张他们最喜欢的作品的照片。

活动延伸

该活动可以通过添加新材料来延伸，这将有助于儿童持续保持兴趣，并鼓励他们以新颖的方式进行思考和创造。

色彩捕光器

创造性技能

- 探索
- 视觉化
- 独创性
- 有策略的规划

活动主题

地球科学（阳光和阴影），视觉艺术（颜色）。

活动目标

儿童将制作捕光器来探索颜色和“不透明”“半透明”的概念。

活动材料

液体白胶水（每个儿童需要 60 毫升左右的胶水），液态水彩颜料或液态食用色素，牙签，各种一次性瓶盖（每个儿童一个，瓶装酸奶、瓶装黄油、瓶装酸奶油等的瓶盖，更容易将晒干后的捕光器取出），悬挂捕光器的绳子或缎带（剪成每根 10 厘米长，每个儿童一根），打孔器。

活动概况

能阻挡光线的东西应该是不透明的，没人能透过这些东西看见光。能让部分光线穿过的东西是半透明的，这些东西就像滤光片，只允许特定颜色的光线通过。这个活动可以以小组形式开展。因为本活动有多个步骤，如果教师和儿童一起活动，并且在每个步骤中提供支持，则活动效果最佳。

活动过程

1. 问问儿童是否见过彩色玻璃，是否能描述出他们所见过的彩色玻璃。也可以出示一些彩色玻璃的图片，请儿童思考光线是如何穿过窗户上的玻璃的。提醒他们“不透明”和“半透明”的术语，并请他们制作自己的捕光器，将它挂在窗口阻挡光线或让光线通过。

2. 请每个儿童在一次性瓶盖中倒入足够的胶水，以覆盖整个瓶盖的内部表面。

3. 鼓励儿童选择他们想在捕光器上使用的颜色，把颜料滴一两滴到胶水中。接着儿童可以用牙签把颜料和胶水搅在一起。提醒儿童就像用水彩颜料画画一样，如果混合过度，颜色就会变深，他们应在这之前停止搅动。

4. 把捕光器晾干。完全晾干大约需要 2～3 天。请儿童在晾干阶段观察捕光器，因为颜色会沉淀并扩散至胶水中。当捕光器的边缘易于剥离时，教师可以小心地将其从瓶盖里取出，并在每个捕光器的顶部打一个小孔，以便儿童系上绳子或缎带。

5. 将捕光器悬挂在自然光线充足的地方。

活动记录

当和儿童一起活动时，在他们晾干和悬挂捕光器的过程中，教师会有很多机会随机观察他们对光和颜色的思考，可以通过这些观察进行轶事记录。

活动延伸

可以通过使用透明胶水来重复该活动，鼓励儿童制作透明的捕光器，并注意不透明、半透明和现有的透明物体之间的差异。

熔化和混合

活动主题

物理科学（固体和液体），地球科学（环境保护和循环利用），视觉艺术（探究三原色和三间色）。

创造性技能

- 探索
- 视觉化
- 有策略的规划

活动目标

- 儿童将探究三原色和三间色。
- 当儿童熔化固态的蜡笔时，他们将探索固体和液体的特性。

活动材料

各色短小且已断掉的蜡笔，硅胶小松饼盘或冰格，木扦，烤箱。

活动概况

该活动以结伴或小组形式开展效果最佳。与儿童讨论重新利用和回收材料的必要。这项活动会让儿童将断掉的蜡笔熔化再造成新的、更大的蜡笔，也许儿童会创造出属于他们自己的彩色蜡笔。

活动过程

1. 请儿童分享他们知道的关于固体和液体的经验——固体有自己的形状，液体呈现的是所盛容器的形状。加热某些固体（如蜡笔）会使其变为液体。熔化的蜡笔在硬化成新的形状之前，会呈现出硅胶模具的形状。

2. 向儿童展示硅胶冰格，他们将用它来熔化断掉的蜡笔并做成新的蜡笔，如果他们愿意的话，还可以做出新的颜色。

3. 请儿童除去蜡笔上的所有包装，再决定将哪些蜡笔碎块放进单独的模具中以做成新的蜡笔。（同样大小的蜡笔块会比大小不同的蜡笔块熔化得更均匀，熔化后的蜡笔会比固体蜡笔的体积小，所以如果蜡笔块超出模具顶部也是可以的。）

4. 儿童可以决定把哪些颜色融合在一起，花些时间问问他们想要创造什么颜色，例如可以这样问：如果你加入红色和蓝色，会做出什么颜色呢？如果你想做橙色，你可以在模具里加入什么颜色？我们怎样才能使颜色变深或变浅？

5. 模具装好后，将其放入以 275 度预热的烤箱中。

6. 在 10 ～ 13 分钟的时间内监控烤箱。

7. 将蜡笔从烤箱取出，放在耐热的表面上。（注意：熔化的蜡笔可以用木扦搅拌，这样可以更好地融合颜色，儿童只有在成人直接监督下才能这样做。）

8. 在接下来的 30 分钟内静置蜡笔，它会慢慢变硬。完全冷却后，翻转冰格将蜡笔取出。

9. 一定要和儿童谈一谈结果。

活动记录

记录儿童对回收再利用、固体与液体以及原色与间色的理解。

活动延伸

本活动可以通过让儿童挑战做出某种特定颜色或不同深浅的颜色来延伸。记住，在任何颜色中加入黑色都会使其变深，添加白色则会使其变浅。

图形变变变

活动主题

几何（平面和立体图形），视觉艺术（颜色和表现）。

创造性技能

- 探索
- 交流与合作
- 视觉化
- 详述
- 原创性

活动目标

- 儿童在幼儿园或社区散步时拍摄平面和立体图形。
- 儿童识别并说出平面图形的名称（圆形、三角形、长方形、椭圆形、六边形和正方形）。

- 儿童识别并说出立体图形的名称（正方体、棱柱体、圆柱体、球体和圆锥体）。
- 儿童探索颜色的特性，改变带有各种图形的照片。

活动材料

相机，打印的照片（每个儿童至少 4 张），水彩颜料，可清洗的马克笔，胶水，剪刀（成人用），儿童安全剪刀，大张的纸（每个儿童 1 张，45 厘米 × 60 厘米的纸较适合）。

活动概况

这个活动主要由两个部分组成：一部分是在散步时找图形，儿童将拍摄他们在环境中看见的各种形状；还有一部分是选择照片，并用记号笔或颜料来改变它们。以这种方式改变照片能让儿童体验“图层”这一视觉艺术概念。图层是在一幅图上同时叠加的多个组成部分，它们组合在一起形成一个单一的、独特的图像。儿童将以结伴或小组形式（用哪种形式取决于可用的照相机数量）寻找形状。

活动过程

“图形找一找”

1. 请儿童想想他们在教室、幼儿园和活动场地上看到过的各种形状，比如，可以问他们：在哪里看到过圆形或三角形？告诉他们，要在散步过程中拍摄各种形状，然后使用拍到的照片创作一件艺术作品。

2. 请儿童以结伴或小组形式拍摄照片。

3. 引导儿童在幼儿园和活动场地上散步，提醒他们将看到的各种形状拍下来。

“照片变一变”

1. 回到教室后选择要打印的照片。让儿童参与到这一步骤中可以帮助他们回忆看过的那些画面，也体现了儿童对活动每个阶段的主动参与。

2. 安排一张可供几个儿童同时活动的大桌子。鼓励儿童浏览可选的照片，说出他们看到的形状。

3. 和儿童讨论艺术家是如何运用绘画或计算机应用程序来修改或改变图片的——可以增加颜色，也可以改变图片的大小或形状。和儿童讨论如何制作一幅拼贴画——可以使用儿童安全剪刀、胶水、记号笔或各色颜料来改变照片。

4. 鼓励儿童思考他们想用哪些形状，并给他们充分的时间尝试改变照片。

5. 为儿童提供改变照片所需的艺术媒介，并通过提问鼓励他们思考为什么要改变照片，如：为什么你决定在图片上加上黄色？你把照片剪成了什么形状？在你的照片中能看到什么形状？为什么选用这些形状？

6. 提醒儿童把他们的照片贴在大张底纸上以完成他们的拼贴画。

活动记录

因为这是一个长期的体验，在花时间和儿童一起活动的过程中，教师会有很多机会观察并拓展他们的思考和经验，也可以在他们改变照片时用相机拍下他们逐步完成的作品。

活动延伸

可以通过拍摄班级花园或去动物园郊游的照片来制作有关生命或地球科学主题的图形拼贴画来延伸该活动，这将让儿童改变和操作更多有趣的照片。

相关儿童读物

Harris, Marie. 2013. *The Girl Who Heard Colors.* New York, NY: NancyPaulsen Books.

这本吸引人的图画书向儿童介绍了体验世界的五种感官，以及在感知世界方面略有不同的一些人——他们可以听颜色或闻文字，这种奇特的感知也被称作联觉。

Ljungkvist, Laura. 2015. *A Line Can Be . . .* New York, NY: POW! KidsBooks.

这本有趣的硬纸板书将吸引儿童沿着一条线从封面走到封底，这条线将被描绘成不同的形状，呈现出不同的特点。这本书的现代风格和明亮、有规律的版面设计将吸引儿童独立或与他人共同探索各种形状。

Reynolds, Peter H. 2012. *Sky Color.* Somerville, MA: Candlewick.

雷诺兹同时还是另外两本深受喜爱的书《圆点》和《伊什》的图文作者。这本《天空的色彩》延续了他的创作风格，即鼓励儿童思考所有人都可以通过艺术来创造和表达自己。这本书鼓励儿童画出他们在世界上看到和观察到的东西，而不是他人对世界应该是什么样子的看法。

第4章

艺术家、艺术品与STEM的结合

对不同流派和不同时期的艺术家和艺术作品信息进行定期整合，可被用来开发一套针对早期儿童的综合性艺术课程。例如，在很多教室中，儿童都体验过弹珠画或泼墨画，这些通常被视为独立的艺术创作经验。然而，通过向儿童介绍一件用这些技术完成的艺术作品，如《第 1 号》，这件作品于 1949 年由杰克逊·波洛克（Jackson Pollock）创作，他是非常有影响力的美国画家，也是抽象表现主义运动中的主要人物——儿童可以将他们的绘画技巧和其他艺术家的绘画技巧以及波洛克艺术中的色彩和形状理念联系起来。向儿童介绍艺术家和艺术作品，并提出探索性或聚焦性的问题，将有助于给儿童自己的艺术创作体验带来意义，同时帮助他们与更广阔的艺术世界建立联系。将儿童与现场或线上虚拟的博物馆参观联系起来的艺术观赏体验也可以用来创造跨领域的学习机会。你还可以在教室中通过各种音乐、艺术分享网站和应用程序向儿童介绍艺术家，观看和聆听表演艺术。

通过艺术家研究、艺术作品、歌曲和戏剧的融入，教师可以整合儿童欣赏艺术作品和创作艺术的经验。当儿童听一首新歌或看一幅新画，然后参与相关的艺术创作活动时，儿童会把他们对两种体验的观察联系起来。学会观察是一项重要的技能，该技能可以通过精心设计的艺术欣赏和艺术创作活动来培养。教师可以通过谈论一件艺术品的颜色、线条、纹理和形式，一段音乐的声音和音调，又或是一个新故事或戏剧中的人物和故事情节，来帮助儿童发展观察技能。通过仔细观察获得的经验将有助于促使儿童运用思维和表达技能，这将使他们能够超越对艺术作品的最初印象，探索新的想法和新的理解方式。

当教师计划以艺术作品或艺术家为主题将艺术和 STEM 体验进行整合时，可以参考《美国国家核心艺术标准》。以下这些与学前艺术教育相关的核心理念和价值观也可以作为有利的指南，帮助教师和儿童一起创造有意义的早期艺术体验。

- 儿童天生好奇，他们在复杂的世界中建构着个人的知识和理解。
- 儿童在同伴、成人的陪伴下，在有意义的社会环境中建构着知识。
- 儿童是以整体的方式体验着世界，因此最好采用跨领域的方法。
- 儿童通过引导和自发的学习经验来构建洞察力和知识。
- 艺术能提供探索和学习的多种方式，这些方式也符合每个儿童的独特天性。
- 艺术促使儿童能够交流、表现和表达他们的想法和感受。
- 艺术提供了发展儿童创造力、想象力和弹性思维的机会。
- 儿童对世界文化遗产享有权利，艺术可以丰富儿童对于不同文化的理解。
- 早期儿童艺术活动的范围应全面，包括工作室体验、与艺术家互动、参观博物馆和美术馆，以及有关艺术的对话、故事、游戏、戏剧、舞蹈、音乐和艺术创作等。

有助理解的活动案例：《老雷斯的故事》中的艺术

怀特老师的学前班孩子们过去一周都在阅读和学习苏斯博士的儿童经典读物《老雷斯的故事（The Lorax）》。他们一直在进行一个关注环境保护的长期项目，这本书正好记录了一个神话般的环境恶化过程，那儿的“真心树”被砍伐来做成特别的衣服。怀特老师和她的孩子们在集体活动时间一起阅读了这本书，她还请孩子们制作自己的“真心树”，用黏土做底座，用彩色吸管做树干，用鲜艳的彩球做树冠。孩子们用了几个下午的时间在他们教室的长桌上制作了一片“真心树树林”。

怀特老师注意到孩子们对树林的兴趣，决定推出一个活动的新版本，鼓励孩子们用不同的材料来做树。为了做出新的树，怀特老师将纸锥作为底座，并用颜色鲜艳的毛根、皱纹纸、丝带和记号笔来制作树的其他部分。在美工桌的中间，她放了几张树的图片以便让孩子们参考从而获得灵感。孩子们花时间观察图片、自己的作品和同伴的作品。怀特老师提醒孩子们制作“真心树”没有所谓的正确方法，他们应该花时间动脑筋思考如何让自己的树变得有生命力。

反思

通过鼓励儿童以新的方式探索和创造从而促使他们去使用各种开放性材料，丰富了儿童的艺术创作经验。怀特老师对孩子们兴趣的细致关注，使她能够帮助儿童发展出基于他们先验知识的经验，并将他们的思考推向新的方向。这些经验融合了读写、科学和视觉艺术，有助于支持儿童以多种方式去了解周围的世界。早期儿童需要开放的、材料丰富的艺术学习机会来支持他们的探究意识和创造性思维。因为建构理解需要花费时间反复思考，不断探索新的理解并发展现有理解是儿童 STEAM 学习中的一个重要元素。

将艺术家、艺术作品融入 STEM 活动的小贴士

许多经典图画书中都有漂亮、吸引人的图片供儿童深入探索。此外，当地的社区艺术因为与社区有着自然的联系，可以成为儿童探索的绝佳资源。教师可以通过联系当地市政服务机构、公共艺术委员会或社区艺术组织来寻找当地的公共艺术品。这些组织还可以提供有关当地艺术作品、艺术家和社区艺术项目的信息。互联网则提供了了解世界各地艺术流派的无限机会。许多博物馆、艺术中心和画廊都有部分或全部的数字藏品可供在线观看。最后，从一些应用程序和网站可以获得各种音乐，教师还可以根据儿童对特定流派或艺术家的兴趣创建特别的电台。

用于引发探索与 STEM 相关艺术家和艺术作品活动的提问

- 关于这一音乐（艺术作品或故事），你发现了什么？
- 当你看到或听到这一艺术作品（音乐或故事）时，你有什么样的感觉？
- 为什么艺术家要创作这一类型的艺术作品或歌曲？
- 艺术家会使用各种不同的材料来创造艺术，这件艺术作品是用什么创作的？
- 这段音乐是用什么乐器创作的？

活动方案

集合艺术——使用可回收材料

创造性技能

- 探索
- 视觉化
- 交流与合作
- 寻找解决方案
- 灵活性
- 详述
- 独创性
- 问题解决
- 有策略的规划

活动主题

地球科学（保护和回收），视觉艺术（2D 到 3D 雕塑的转换）。

活动目标

- 儿童将合作创造一个由开放性材料和废旧物做成的不断变化的雕塑。
- 儿童将在教室中探究传统和非传统的建构材料。

活动材料

开放性材料（木板，软木塞，胶合板，柳条，轻木条，小木棒，各种尺寸、颜色和形状的玻璃珠或塑料珠，石头，各种尺寸和形状的瓷砖）；废旧物（破损或废弃玩具的部件），可回收材料（盒子、塑料容器）以及自然材料（石头、树叶、贝壳）；纸袋；丙烯颜料、画笔、胶水、胶带和记号笔；热熔胶枪（成人用）；素描纸和铅笔；照相机；iPad 或平板电脑。

活动概况

该活动将会在班里持续几天，并与儿童对节约、再利用和再循环的理解相联系。教师可以发纸袋让儿童带回家，请儿童从家中收集开放性材料或废旧物，鼓励家长允许儿童将他们可以用来创作艺术品的东西放在袋子里。教师也可以向家长提供一些有关材料的建议，如小型的破旧玩具、自然物、断掉的蜡笔、塑料盖或瓶瓶罐罐。一定要告诉家长这些东西不会让儿童再带回家了，所以他们需要确保儿童不会带来具有特殊纪念意义的东西。

活动过程

1. 和儿童一起欣赏有关集合艺术作品的图片。教师可以用以下问题引发儿童进行讨论：你首先注意到的是什么？你认为这件艺术品是用什么做成的？你注意到这件艺术品里的什么东西？为什么艺术家要用这个东西来制作艺术品？向儿童介绍回收再利用的概念，并讨论艺术家是如何在艺术创作中再利用日常物品的。

2. 儿童收集完材料后，把所有物品放在一个中心位置并鼓励他们自由探索。教师可以使用如下提问：你能够用它做什么？这些东西可以如何发生转变？你想用它做什么？鼓励他们思考如何在自己的集合艺术作品中使用这些材料。儿童可以描绘他们的想法，为他们设想的艺术作品制定创作计划。一定要鼓励他们制定详细的计划，这样他们才能知道自己需要哪些材料。

3. 在活动的建构阶段，给儿童几天时间让他们用自己的材料创作最终的作品。儿童可能想为他们的材料上色，所以请在教室里提供干燥且便于储存的空间。

4. 鼓励儿童只收集他们认为自己的作品所必需的材料，并提醒他们教师可以用热熔胶枪帮他们把任何较重的材料粘在一起，因为他们可能无法用胶水或胶带把那些材料粘在一起。

5. 一定要提醒儿童在创作时参考他们的设计草图。每件艺术作品完成后，鼓励每个儿童为自己的作品命名，以便在教室或幼儿园里展示。

活动记录

因为这是一个长期的活动，如果花时间和儿童一起创作，教师将有很多机会观察和扩展他们的思维和经验。教师还可以在活动的各个阶段用相机拍摄儿童的活动过程。儿童的设计草图和最终作品也将作为他们理解物品再利用和集合艺术的记录。

活动延伸

可以通过指定用某些特定类型的物品（如自然材料或人造物品）重复这一活动来进行延伸扩展，并在这些类型的集合艺术中探索更多的艺术作品。

[附] 儿童友好型艺术家及艺术作品

道格拉斯·库普兰（Douglas Coupland）的《砖墙（The Brick Wall）》。这件艺术品陈列在温哥华美术馆，是一件以玩具和玩具部件为特色的大型集合作品。

杰吉·布尔祖斯基（Jerzy Brzuskiewicz）的《星座（Constellation）》。这件艺术品陈列于当代艺术中心，是一件在夜空的背景图中用日常物品创造星座图案的集合作品。

拉斐尔·费雷尔（Rafael Ferrer）的《头（Head）》。这件艺术品被收藏在美洲艺术博物馆，是一件由彩绘的废金属组成彩色3D头像的装置作品。

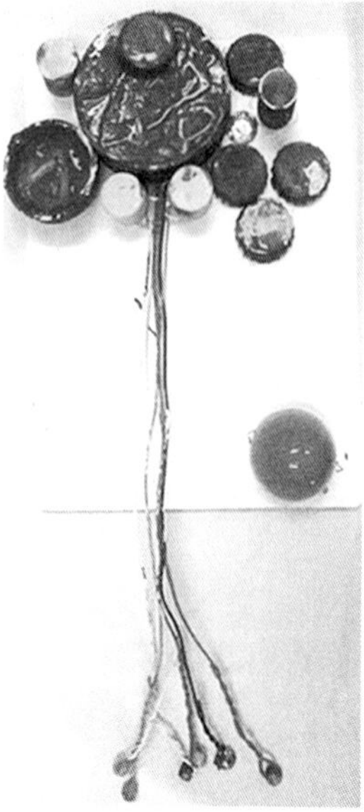

集合艺术：瓶盖气球

水拓画

活动主题

地球科学（地球物质），视觉艺术（颜色、运动和表达）。

活动目标

- 儿童将探索用日本的墨流艺术（Suminagashi）和土耳其的湿拓画（Ebru）风格作画的艺术家和艺术作品。
- 儿童将探索墨滴在水面上的特性，创造属于自己的水拓画。

创造性技能

- 探索
- 视觉化
- 交流与合作
- 灵活性
- 独创性
- 问题解决
- 有策略的规划

活动材料

iPad 或其他平板电脑，能够放入一张大小为 22 厘米 ×30 厘米美术纸的塑料盆，水，白色或浅色美术纸，液体墨水（会浮在水面上），液体水彩颜料（可以将水染色，这些水彩画颜料与食用色素或传统水彩画颜料不同），丙烯颜料（在水中会聚在一起），闪粉（会浮在水面上并粘在纸上），滴管。通过网络搜索了解墨流和湿拓画艺术，所找到的作品应该拥有共同的聚焦点，即类似大理石纹的色彩并形成鲜明图案。

活动概况

这一活动会在班里持续几天，并帮助儿童理解水与艺术创作之间的关系。如果能与儿童一起创作，那么创作的过程效果最佳，这样教师可以引导他们将注意力集中到慢慢加颜料上，并鼓励他们观察在加入其他媒介时水面发生的变化。

活动过程

1. 教师需要和儿童一起花点时间观察墨流和湿拓画艺术的图片。通过提问可以推进讨论，如：你注意到这幅作品的颜色了吗？你能说说色彩是如何盘绕在一起的吗？你在这件艺术品中看到了什么图案？教师还可以谈谈艺术家是如何在各种类型的物体表面上作画的，以及这些画是如何在水上画出来的。向儿童解释艺术家是如何用墨、油以及颜料在水上绘画，然后把一张纸放在水面上，鼓励儿童接下来也要这样做。

2. 需要在塑料盆中装水，使盆底完全被水覆盖，约 2 厘米深即可。

3. 当儿童在创作时，请他们慢慢地用滴管滴下他选择的颜料和墨水，并让他将注意力集中在这些材料在水中是如何运动的，可以使用如下提问：墨滴是否浮在水面上？闪粉怎么了？你能看到各种颜色形成的图案吗？

4. 儿童在水面滴满颜色后，帮他们在水面上小心地放一张美术纸，注意不要搅乱水面。及时揭开美术纸，探索这幅画在水面上和在纸上的样子。

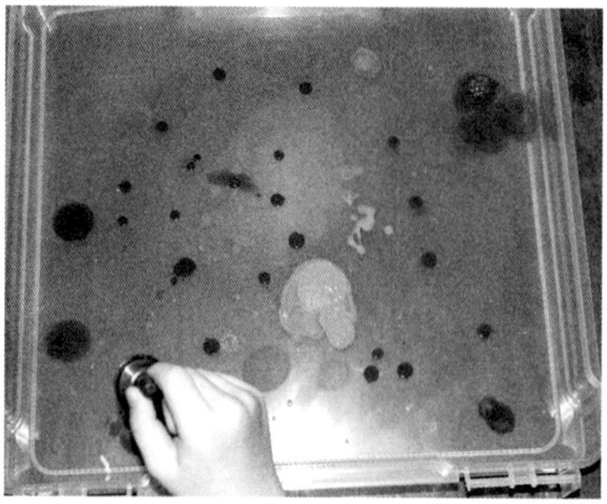

水拓画的过程

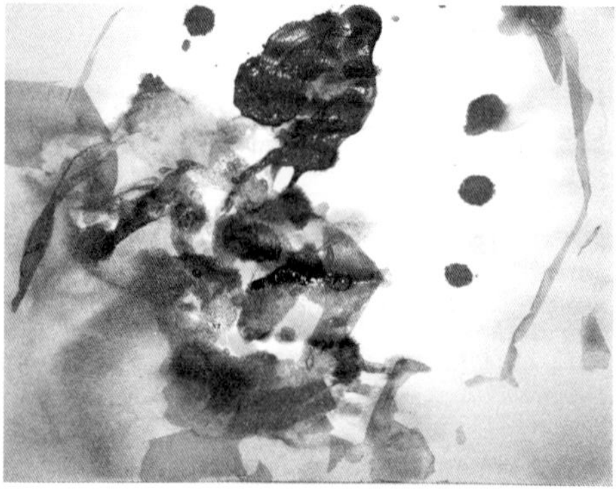

水拓画的成品

活动记录

因为这是一个长期的活动，如果教师多花点时间和儿童一起创作，会有很多机会观察并扩展他们的思考和经验。这是一个探索性的活动，所以仔细观察儿童会帮助教师理解儿童的体验。

活动延伸

可以请儿童在其他自然材料（如木头或石头）上涂色或绘画，探索在其他物体表面上绘画的艺术家，并将这些经验融入班级活动。

日常音乐

活动主题

工程（设计与声音），地球科学（资源保护与再利用），音乐表现。

活动目标

- 儿童将探索当代艺术家用日常物品的声音所创作的音乐。
- 儿童将使用教室内的物品合作发出他们自己创造的声音。

创造性技能

- 探索
- 交流与合作
- 灵活性
- 独创性
- 问题解决

活动材料

用来探索当代音乐艺术家和表演艺术家的iPad或平板电脑，日常物品（勺子、瓶子、平底锅、塑料盖和金属盖、扫帚、簸箕、塑料杯等，这些金属和非金属物品的组合将产生独特的声音），录像设备。

活动概况

这一活动可以采用集体或小组方式进行，但活动时声音会很大，所以最好在更大的空间或户外进行。儿童将探索使用日常物品——如扫帚、垃圾桶盖、洗衣盆、厨房用具等物品——创造独特的声音并进行表演。有两个乐队——STOMP和电动垃圾场加梅兰（Electric Junkyard Gamelan）——也喜欢进行这样的表演。教师一定要提前观看他们演出时的视频，以选择出适合儿童观看的表演视频。

活动过程

1. 与儿童讨论乐器是如何发声的，如问问他们：能说出哪些乐器的名字？教室中有哪些乐器？请他们思考艺术家是如何用平底锅和勺子等日常物品发出声音的。

2. 播放经过教师挑选的视频，其中包括各类型的音乐艺术家和表演艺术家的演奏。通过让儿童描述他们听到的声音以及艺术家们用来创造声音的物体，来引导他们观看视频。

3. 在本活动的“材料收集”阶段，请儿童找出在创造声音时需要用的材料，教师也可以为他们预先选择要探究的物体和材料。

4. 每个儿童都有一个可以用来创造声音的东西后，鼓励他们仔细倾听，听听对方用的是什么乐器。

5. 每人都尝试过一件物品后，鼓励儿童交换和分享物品，这样他们可以体验新的声音。

6. 教师可以录下这些音乐片段，放给儿童及他们的家人听。

活动记录

制作儿童个人和小组创作声音的视频，这些视频可以作为这一探索性和表现性体验的记录。

活动延伸

为了延伸该活动，教师可以用日常物品做一面半永久性的户外声音墙——这面墙上有平底锅、瓶子、罐头及许多其他可供儿童探索声音的物品。

可移动的雕塑

活动主题

工程（设计），地球科学（资源保护和再利用），视觉艺术（3D 制作）。

创造性技能

- 探索
- 灵活性
- 独创性
- 问题解决
- 有策略的规划

活动目标

- 儿童将探索社区中当代艺术家的雕塑作品。
- 儿童将创作自己的 3D 可移动雕塑。

活动材料

iPad 或其他平板电脑，大珠子和纽扣，毛根，22 号细金属丝（直径约为 0.64 毫米，剪成 30 厘米长，每个儿童 1 根），小泡沫片。可以根据本地情况搜索本地区的艺术品，或者联系本地艺术博物馆和社区艺术组织，以了解附近公共艺术陈列的位置。

活动概况

这一活动可以以小组形式完成，因为儿童在操作金属丝时需要一些支持。

活动过程

1. 在和儿童一起创作之前，把每根金属丝的一端弯一弯，以防止儿童在穿珠子、纽扣或泡沫片时，这些东西从金属丝上掉下来。

2. 请儿童分享他们对雕塑的了解。如果幼儿园附近有一个户外雕塑，进行实地考察将是向儿童介绍当地艺术品的好方法，教师还可以拍摄儿童可能看到过的社区雕塑，鼓励他们思考如何从各个角度观察雕塑。

3. 请儿童看看为他们制作雕塑而收集的材料，教师可能需要演示如何在金属丝上添加材料。

4. 鼓励儿童在金属丝上穿上珠子、纽扣和泡沫块。完成后，教师可以小心地将金属丝的两端拧在一起，为每个儿童做一个圆环。

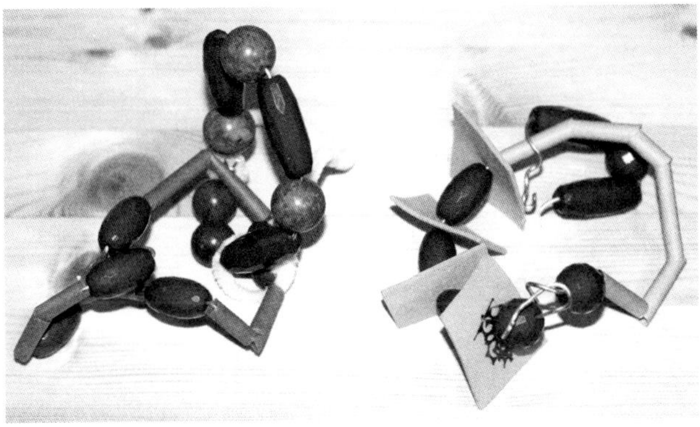

5. 接着儿童可以把他们的圆环弯曲、塑形，变成形状独特但可放在平面上的雕塑。

6. 因为雕塑在不同角度看上去不一样，鼓励儿童从各个角度观察。教师可以通过请他们描述雕塑的形状和颜色来引导他们观察。

活动记录

教师可以记录下儿童对雕塑的理解以及他们穿材料、制作雕塑时的精细运动能力。

活动延伸

该活动可以通过制作泥塑和探索陶瓷艺术家来延伸。

相关儿童读物

Markel, Michelle. 2012. *The Fantastic Jungles of Henri Rousseau.* Grand Rapids, MI: Eerdmans Books for Young Readers.

《亨利·卢梭的奇妙丛林》里有着生动、丰富的图画和有趣的故事内容，主要讲述了卢梭是如何相信自己，即使在别人看不到他的才华时仍坚持艺术创作的故事。

Rodriguez, Rachel Victoria. 2006. *Through Georgia's Eyes.* New York, NY: Henry Holt and Co.

这本书通过聚焦画家乔治亚·欧姬芙（Georgia O'Keefe）创作的艺术作品来分享她的生活。书中的插图是五颜六色的剪纸拼贴画，这些拼贴画将会吸引和启发儿童。

Rosenstock, Barb. 2014. *The Noisy Paint Box: The Colors and Sounds of Kandinsky's Abstract Art.* New York, NY: Knopf.

本书将向儿童介绍著名艺术家瓦西里·康定斯基（Vasily Kandinsky）的艺术作品，并讲述康定斯基童年时是如何开启他的艺术生涯的。